Bernd Gerstenberger
Bernhard Lehr
Martin Wambsganß

Das Tübinger Stadtbaumbuch

Bernd Gerstenberger
Bernhard Lehr
Martin Wambsganß

Das Tübinger Stadtbaumbuch

Ein Führer zu 46 Baumstandorten
in der Altstadt

Mit 17 Abbildungen

 Eva Hoffmann Verlag Stuttgart

CIP-Kurztitelaufnahme der Deutschen Bibliothek:

Gerstenberger, Bernd:
Das Tübinger Stadtbaumbuch:
Ein Führer zu 46 Baumstandorten in der Altstadt
/ Bernd Gerstenberger; Bernhard Lehr; Martin Wambsganß.
– Stuttgart: Hoffmann, 1999
ISBN 3-932001-04-4

© AK Wald im Bund für Umweltschutz, Tübingen 1999
Printed in Germany

Inhalt

Einleitung

Im März des Jahres 1996 wurde am Haagtor, dem westlichen Ausgang der Tübinger Altstadt, ein großer und beeindruckender Baum gefällt. Diese Pappel hatte sogar Eingang in das Buch „Der merk-würdige Baum" gefunden, das Klaus Dobat und Siegfried Lelke zwei Jahre zuvor herausgebracht hatten. Erinnern Sie sich noch an diesen Anblick? Wenn Ihnen das schwerfällt, trösten Sie sich: uns ging es kaum anders. Wir haben daraus Konsequenzen gezogen und diesen kleinen Stadtbaumführer verfaßt.

Der Eindruck, den eine Stadt bei Besuchern oder Stadtbewohnern hinterläßt, hängt davon ab, mit welchen Augen sie die Stadt sehen. Jeder Mensch hat sein persönliches Sieb, durch das die Sinneseindrücke gefiltert werden. Wir sehen nur, was wir sehen wollen oder sehen können. Mit diesem Stadtführer möchten wir Ihnen, Besuchern wie Bewohnern, eine vermutlich etwas ungewohnte Brille anbieten: für den Blick auf die Welt der Bäume in der Stadt. Und er soll auch anregen zu hören, zu riechen und zu fühlen, sich zu erinnern und – hoffentlich! – zu staunen.

Im Gegensatz zu anderen Veröffentlichungen zum Thema (wie dem „merk-würdigen Baum") ist dieses Buch als durchgängiger ausgiebiger Spaziergang durch die Tübinger Altstadt aufgebaut. Wenn Sie konsequent der Anordnung der Orte im Text folgen, wird Ihre Tour samt ein paar Abstechern problemlos einige Stunden dauern. Genauso aber können Sie sich in beliebig gestaltbaren kürzeren Routen zu besonderen (Baum-)Standorten führen lassen. (Ein Teilungsvorschlag wäre: Tour 1, Plätze 1 bis 24, Tour 2, Plätze 25 bis 46.)

Einen ersten Schwerpunkt machen die wildgewachsenen Bäume aus, die den harten Bedingungen der Bodenversiegelung trotzen.

Wer sich einmal die Frage stellt, welcher Baum wild gewachsen oder gepflanzt ist, stellt fest, daß es durchaus einige wilde Bäume im innerstädtischen Bereich gibt – oder gab! Während der eilige Einkäufer oder die gestreßte Pendlerin Bäume wohl höchstens unbewußt wahrnehmen, geraten die Aufmerksamen in Abenteuer – mit Bäumen.

Den zweiten Schwerpunkt bilden die zu verschiedenen Zeiten und aus verschiedenen Gründen gepflanzten Bäume. Oberflächlich betrachtet mag die Stadt als Betonwüste erscheinen, als ein Gegensatz zur Natur. Die Betrachtung der Stadt als Lebensraum mit ökologischen Nischen, die es außerhalb der Stadt nicht gibt, hebt diesen Gegensatz auf. Dennoch können Städtewachstum und Bodenversiegelung nicht beliebig weitergehen. Vor Jahrhunderten bot die eng gebaute, mauerumgürtete Stadt Schutz vor einer feindseligen Umwelt. Welch ein Wandel der Probleme! Uns heute beschäftigt wahrlich anderes: zum Beispiel der Verlust der beieinander lebenden Großfamilie und der Trend zur größeren bzw. zur Singlewohnung. In dessen Folge wächst die Kritik, daß „der Mensch" nicht nur immer mehr, sondern viel zu viel Raum für seine „egoistischen Bedürfnisse" beanspruchen würde.

Wie immer wir hier diskutieren: Diese Erde hat Grenzen. Um uns das Leben in der Stadt nicht unerträglich zu machen, müssen wir, statt zu expandieren und die Natur zu verdrängen, die Natur in die Stadt hereinlassen – und sie durchaus auch gestalten.

Wir beschränken uns bei diesem Blick auf ungebärdige wie gestaltete Natur im wesentlichen auf die Altstadt. Dort werden Bäume zu einzigartigen Individuen. (Die Abstecher auf den Schloßberg und in den Klinikbereich zeigen sowohl tübingenspezifische als auch einige allgemein interessante Merkmale der Stadtflora.) Aus diesem Grund lassen wir beispielsweise auch den Alten Botanischen Garten schlicht außen vor. Uns interessiert der ganz und gar alltägliche Baum, der höchst unauffällig und ohne ein Wässerchen zu trüben plötzlich neben Ihnen steht...

Auf dem Weg in diesen und weitere Träume ist das Sehen wichtig. Dazu soll dieser Führer beitragen. Entdecken Sie mit ihm Tübingen aus der Perspektive des Waldes. Und wo Ihnen das pure Sehen nicht genügt, ist weiteres Kennenlernen angezeigt: Der zweite Aufsatz in diesem Führer (ab S. 103) beschäftigt sich detailliert mit einem der Hauptprobleme, wenn Stadt und Wald aufeinanderstoßen: der Bodenversiegelung!

Verschiedene Menschen haben uns bei den Recherchen zu diesem Büchlein sowie bei der Überprüfung vieler Angaben mit Rat und Tat geholfen. Danken möchten wir dafür vor allem Siegfried Lelke und Dr. Klaus Dobat, den Autoren des „merk-würdigen Baumes", Andreas Feldtkeller, dem früheren Stadtsanierer Tübingens, sowie Susanne Zhuber-Okrog, Ute Edlund, Carola Friderich und Anselm Brauer, welch letztere vor allem die Frustration angesichts einiger „Haßbäume" gründlich zu mildern halfen. Auf jeden Fall genannt sei auch Barbara Klaas, die sich nach einer Baumführung durch die Altstadt spontan anbot, das Erstfassungsmanuskript korrekturzulesen und auch der Endfassung einiges Übersehene entlockte. Für sämtliche trotz aller Anstrengungen verbliebenen sachlichen Fehler bleiben natürlich wir Autoren selbst verantwortlich. Außerdem bedanken wir uns für die finanzielle Unterstützung dieses Buchprojekts beim Kreisverband Tübingen von Bündnis 90 / Die Grünen.

Benutzungshinweise:

- Der Plan auf der Rückseite des Führers verzeichnet sämtliche Standorte, die im Text entsprechend numeriert sind.
- Davor finden Sie eine alphabetische Liste aller Plätze, die im Führer angesteuert werden.
- Das Baum-Register am Ende erlaubt Ihnen, direkt bestimmte Baumstandorte bzw. weitere Informationen zu einzelnen Baumarten zu erschließen. Sie werden feststellen, daß wir bei den ausführlicher behandelten Baumarten nicht unbedingt gleich ins Detail gehen, wenn Sie im Text zum ersten Mal genannt werden. Meist veranlaßten uns ganz bestimmte Standorte zum ausgiebigeren Verweilen. Die fettgedruckten Ziffern im Register verweisen aber direkt auf Textstellen, an denen Ausführlicheres zu einer Baumart zu finden ist. Gelegentlich finden Sie auch im Text entsprechende Seitenverweise mit einem Händchen (☞).
- Einige Fragen im Text (durchnumeriert mit A...) sollen ein bißchen alte Baum- und Stadtkenntnisse – bzw. Ihre eigenen Gedanken herausfordern! Die Antworten dazu finden sich im Lösungsabschnitt. Weitere Fragen sind in den Text integriert und werden an anderen Baumstandorten beantwortet.
- Schließlich gibt es neben der verwendeten Literatur auch einen Anhang mit interessanten weiterführenden Werken und einigen Adressen, darunter derjenigen des Umweltzentrums. Dorthin können Sie sich wenden, wenn Sie weitere Fragen haben oder uns zusätzliche Informationen für eine eventuelle Neuauflage zur Verfügung stellen wollen.

Zunächst aber geht es los mit Langeweile...

Manchmal wird mir die Ökologie langweilig

1.   Manchmal wird mir die Ökologie langweilig. Das Bemühen um eine ausgewogen gestaltete Zukunft von Mensch und Natur wird seltsam fad. Plötzlich verstehe ich den Impuls von Menschen, die als finanzkräftige Möchtegern-Abenteurer mit dem Hubschrauber in den Urwald fliegen, um dort irgendwie „Überleben zu trainieren". Aber ich will nicht mit dem Hubschrauber ins organisierte *adventure* abdüsen.

Ich will nur ein bißchen Unordnung, Ungewißheit, Ungeregeltheit. Eigentlich würde es genügen, bei Vollmond im Wald zu schlafen. Verschärft: mit dem Daunenschlafsack im Februar. Genüßlich erweitert: mit ein paar Freunden im Sommer, ein paar Flaschen Wein, einige gute Werwolfgeschichten...

Schon wenn der volle Mond über Freiflächen in der Stadt steht, über dem Loretto-Areal in der Südstadt beispielsweise oder dem Österberg, ergreift mich der Zauber. Er ist nicht dahin. Dann möchte ich die Stadt absperren, alles was kreucht und fleucht zehn Jahre wuchern lassen, währenddessen Franz Hohlers Geschichte „Die Rückeroberung" – in der die Natur auf geheimnisvolle Weise die Stadt Zürich in Besitz nimmt – zur Pflichtlektüre in allen Schulen machen und am Ende die Autos wieder im Schrittempo durch grüne Gassen und gewundene Pfade hindurchlassen. Hinter dem Blättervorhang die Fenster der Häuser... Aber ich will nicht darüber jammern, daß dies ein bißchen unvorstellbar und noch ein bißchen mehr unrealistisch sei.

Der Vollmond ist über dem Österberg schon so atemberaubend. Zwar ist auch die Vorstellung äußerst erregend, Wölfe könnten – wie im rumänischen Kronstadt seit jüngster Zeit – neben mir die Straße überqueren, nachdem sie sorgsam nach links und rechts geschaut haben, aber ich arte schon wieder aus...!

Doch da sind die Nachtkatzen, wenn ich im Dunkeln an kleinen Gärtchen und Hofeingängen vorbeigehe. Ein Schatten huscht über die Ammergasse... ein paar aufmerksame glühende Augen auf einem Mäuerchen in der Rappstraße...

Während einer der letzten vollständigen Mondfinsternisse rappelte ich mich morgens um zwei oder drei auf und ging zum Anfang des Burgholzwegs. Dort stand der orangene fremdgewordene Mond, und die stille Stadt war ebenso wunderbar fremd geworden. Dann ein Geräusch, eine Bewegung, und ein Wiesel oder Marder kam mit diesen eigentümlich biegsamen, werfenden Bewegungen über die Straße gelaufen; verhielt, als ahne es mich, doch ich bewegte mich nicht die Spur, und das Tier beruhigte sich. Es hockte da mitten auf dem Asphalt sicher eine Minute, ich konnte es bestaunen und hatte den Mond ganz vergessen. Dann war es weg, verschwunden zwischen den Bäumen des nahen Parkplatzes ...

Vom Kitzel, zwischen Burgholzweg und Schleifmühleweg mit ein bißchen Pech angeschossen zu werden (wie Anfang Januar 1998 einem Anwohner fast geschehen), will ich ja gar nicht reden. (Jedenfalls weiß ich seither, daß ein Jagdrevier schlicht hinter den Nachbarhäusern beginnt!) Es ist leicht, zynisch oder sarkastisch zu werden, wenn ein bißchen Schwärmerei ins Spiel kommt. Nein, bleiben wir ganz nüchtern bei den Fledermäusen, die an mancherlei Plätzen durch den Schein einer Straßenlaterne sausen oder sich schon mal in unseren Hinterhof verirren ... wo hinter meinem Fenster, neben dem ich schreibe, der Bambuswald meterhoch wuchert ... (anerkennendes Geraune über den Brückenschlag zu den Bäumen?)

Der Bambuswald ist ungefähr einen Meter breit und cirka sieben Meter lang. Er erstreckt sich zwischen unserem hinteren Gartenzaun und der Rückwand des anschließenden Gebäudes. Er ist nicht abgestorben und wird das hoffentlich auch in Zukunft bleibenlassen. Ich glaube, die eigentümlichen Sterbejahre jener einen Sorte Bambus sind allmählich vorüber. Nahe dem Bambuswald Kompostlegen, Beete, Zäune, Zierbäumchen hüben und drüben, eine wunderbar mit Kletterzeugs bewachsene Schuppenwand um die nächste Ecke: Natur zwischen den Mauern. Dorthin wollte ich. Von dorther möchte ich kommen und von der Wildnis erzählen und was Wald und Wildnis möglicherweise mit Stadtbäumen zu tun haben und welcher Blick auf die Stadtbäume solcherart möglich werden könnte.

Erinnern Sie sich des Anfangs? Die Langweiligkeit ökologischen Denkens. Die Fadheit des Ausgewogenen. Hier ist der Gegenbegriff: Wildnis. Jeder und jede von uns träumt den Traum von der Wildnis. Glauben Sie's nicht? Haben Sie ausreichend Streß, um jenseits des Alltags nur Ruhe, Geborgenheit, Ordnung und Harmonie zu ersehnen? Gut, lassen wir doch beides nebeneinander bestehen: Harmonie und Außer-Ordentliches, Ordnung und blühendes Wuchern ... und schon, wir brauchen gar nicht weit zu gucken, durchdringen sich die Begriffe auch noch: geregelte Anarchie ... Blödsinn! sagen Sie. Das beißt sich doch! Ja, glauben Sie denn, das Geäst eines Baumes folge in seiner Entwicklung keinerlei Regeln? Wir sind mitten in der Stadt, und ich höre auch schon auf, unhöflich zu sein. Kein Grund dazu, vorläufig.

7

Wissen Sie, was ein „tapferer Baum" ist? Gehen Sie einmal vom Marktplatz ein Stück die Haaggasse hinunter, und biegen Sie dann, nach ungefähr 150 Metern, rechts ins Hasengässle ab. Ein paar Meter weiter befindet sich links ein schmaler Garten. Und darin wachsen ein paar Bäume – was sage ich Bäume! – Bäumchen! Aber es sind keine Sträucher. Schauen Sie genau hin, lassen Sie die Umgebung auf sich wirken, aber vielleicht aus etwas anderer Perspektive als der, beeindruckt von den verschwiegenen Ecken und Winkeln einer weitgehend erhaltenen mittelalterlichen Stadtanlage zu sein: Hier ist beinahe kein Himmel zu sehen, wenig Licht, kaum Sonne. Hier ist kaum Platz, und der verfügbare genutzt für die Notwendigkeiten städtisch-menschlichen Lebens.

Und dennoch wachsen hier Bäume! Ich verrate hier nicht, was für welche. Und welche biologischen, ökologischen und sonstwie glücklichen Umstände erklären, daß sich an diesem Ort Bäume behaupten können ... Das kommt später im Text. Bleiben wir am Boden: Schauen Sie hinunter, der Zaun läßt allerdings nur eine Ahnung zu: Dort dringen die Stämmchen dieser Bäume aus ihrem Flecken unabgedichteten Bodens aus dem Untergrund der Stadt herauf, zwischen Wand und Stein.

Unter dem Pflaster liegt der Strand ... sangen viele in den Siebzigern! Unter dem Stein liegt die Erde: wurmdurchzogen, keimdurchsetzt und offenbar, auch nach vielen Jahrhunderten der Existenz einer Stadt auf ihr drauf, weiterhin ziemlich lebensgierig! Wo immer es möglich ist, kämpft sich das Grün an die Oberfläche ... hält, unbeeindruckt von vernünftigen Erwägungen („Wäre es nicht sinnvoller und nützlicher, am Stadtrand deine ganze Wuchspotenz zu entfalten?") an solchem Standort zwischen Haaggasse und Ammergasse aus, so lange es nur möglich scheint!

Von tapferen Bäumen wird in diesem Führer noch öfter die Rede sein. Sie sind mindestens so beeindruckend wie die wunderbaren alten Riesen im Alten Botanischen Garten oder die Platanen auf der Plataneninsel.

Mehr noch als diese, scheint mir, erinnern sie daran, daß um uns herum, um Tübingen, um die Siedlungen des Menschen in diesen Breitengraden, einst überall Wald regierte, Wildnis war. Das war nicht unbedingt noch gestern, die Verhältnisse sind komplizierter. Ich werde dazu die Stadt jetzt verlassen ...

2.   Bereits im ausgehenden Mittelalter, also vor ungefähr 600 Jahren, hatte sich nach mehreren Siedlungsphasen in etwa die Verteilung von Freiland und Wald eingespielt, die noch heute anzufinden ist: Cirka 25% des Landes bedeckt Wald. Zu Zeiten war sogar weniger Wald um die Stadt als heute! Es gibt ein Zitat von Johann Wolfgang von Goethe, in dem er, angesichts einer Durch-

querung des Schönbuchs von Stuttgart her im Jahre 1797, eher von einer weitläufigen Parklandschaft spricht: „Einzelne Eichbäume stehen hie und da auf der Trift, und man hat die schöne Aussicht der nunmehr näheren Neckarberge sowie einen Blick ins mannigfaltige Neckarthal."

Damals hatten die Feudalherren des Barocks, um ihrer Jagdleidenschaft willen, das Wild derart hochkommen lassen, daß es den Jungwald verbiß. Und sie verkauften ihre Wälder, wo es nur lohnte, an die Schiffsbauer, die große Kriegs- und Eroberungsflotten daraus zimmerten.

Dann kam, im 19. Jahrhundert, die große Wiederaufforstungszeit, der wir die schnell wachsenden Fichtenwälder zu verdanken haben, die, ehe die Kohlefeuerung rentabel wurde, für Heiz- und Kochfeuer der ebenso schnell wachsenden Bevölkerung gebraucht wurden.

Da erst entstanden auch die gepflegten Wege durch die Wälder ... Waren Sie schon einmal in Schweden? Verlassen Sie Uppsala, eine Universitätsstadt nördlich von Stockholm, etwas größer als Tübingen, die Uni etwa genauso alt wie die hiesige: ein Hort der Gelehrsamkeit des Nordens. Zwei, drei Kilometer hinaus aus der Stadt und dann abzweigen von der glatten perfekten Asphaltstraße: ein Parkplatz? Vielleicht. Jetzt ein Spaziergang im Wald? Aber da sind keine Waldwege, wie wir sie kennen: Forstwege, Holzabfuhrwege. Da ist beinah' undurchdringliches Gehölz, mit etwas Glück hier und da einige Pfade – wenn man weiß wo! Die Schweden betreiben eine andere Art von Holzwirtschaft: Wenn es an die Ernte geht, werden ganze Partien komplett niedergelegt; da braucht es unsere Erschließung des Waldes nicht!

Haben Sie etwa geglaubt, unsere schönen breiten Waldwege dienten vor allem der Erholung?

Jenseits der schwedischen Siedlungen, in Sichtweite der Wohnungen mit Kühlschrank und Fernseher, beginnt in überaus eindrucksvoller Weise – Wildnis. (Seien wir großzügig: Wölfe und Bären gibt es auch in Schweden nicht überall! Und natürlich kann bei dieser Form von Waldwirtschaft keineswegs von echtem Urwald die Rede sein.)

Aber auch, nachdem die Verhältnisse sich hierzulande etwas anders gestalteten: einige Zeit zurück hatte Wald einen anderen Charakter als heute: er war nicht nur weniger „erschlossen", wie wir heutzutage sagen, er war *fremd*. Wer in den Wald ging, war ziemlich rasch *draußen* – jenseits der geordneten Verhältnisse, ja sogar: jenseits der zivilisierten Verhältnisse! Da waren keine Asphaltbänder, auf denen, wer immer am Wochenende frei hatte, von Stadt zu Stadt eilen konnte – hunderte von Kilometern mal eben runtergerissen, ist doch kein Problem, wenn die Straße frei ist!

9

Mehr als 90 % der Bevölkerung kamen zeit ihres Lebens kaum über die nächsten paar Kilometer um ihren Wohnort hinaus. Selbst als die Eisenbahn kam, was auch schon mehr als einhundert Jahre her ist, blieb die Fahrt auch nur in die Ferne der Landeshauptstadt, nach Stuttgart, die Ausnahme ... Und in den Wäldern (samt dem nachts menschenleeren Acker- und sonstigen Freiland), jenseits der Siedlungen, gar nicht so weit, da waren die Räuber ...

Noch im letzten Jahrhundert gab es Banden – den Schinderhannes im Spessart kennen manche aus Erzählungen -, die die Gegend unsicher machten: Gesetzlose, Geflohene; Deserteure und Wilddiebe; vielleicht auch nur Verarmte und Ausgestoßene ...[1]

Jenseits der Städte und Dörfer konnte es rasch unbehaglich werden! Während des größten Teils unserer Zivilisationsentwicklung dürfte uns dieses Wissen begleitet haben.

Wir haben die Wälder gerodet, um Licht ins Dunkel zu bringen – und es entstanden die Lichtungen. Wir haben Schneisen in die Urwälder und Dickichte gehauen, um uns zu orientieren, um nicht die Richtung zu verlieren, um nicht auf den Holzweg zu gelangen. Der wiederum eigentlich schon aus der Zeit der Ordnung stammt, denn der Holzweg ist einfach einer, der zu einem Holzschlagplatz führt und deshalb dort schlicht endet. Aber wer ist schon ein Fachmann für den Wald, in dem es auch heute noch vielen, so die Markierungen der Wege nicht eindeutig sind und keine genaue Karte zur Hand ist, eher bedenklich erscheint, einfach drauflos und in ihn hinein zu marschieren!

Wir haben viele tausend Jahre damit zugebracht, uns der Wildnis zu erwehren, die die Lichtungen umgab. Was für ein Kampf! Jetzt scheint er gewonnen.

Die Märchen und Geschichten treten zurück, verlieren an Substanz und Gewicht: *Rotkäppchen?* Wo sind denn die Wölfe geblieben? Lang schon verschwunden: besiegt – ausgerottet. *Hänsel und Gretel?* Gewiß, verirren ist immer

---

[1] Wer heute noch ein wenig in die Nähe solcher Zeit gelangen möchte, der wandere z.B. auf den Höhen des Bayrischen Waldes. Im Bereich des ältesten deutschen Nationalparks, aber auch jenseits davon, etwa auf dem grandiosen Kamm des Kaitersbergs, nordwestlich des Arber, findet sich ein Land, in dem Urwald – nicht afrikanischer Tropenurwald, an den wir doch bei diesem Wort normalerweise denken! – erhalten blieb – oder wieder ersteht. Dort läßt sich durch Felsen und Forst wandern, wo noch vor einhundertfünfzig Jahren Braunbären aufstanden und vor einhundertdreißig Jahren Wolfsrudel jagten. Und wo heute der Luchs, die größte europäische Raubkatze, aufs neue durch sein Revier zieht ... während die Wölfe immerhin bereits wieder bis Brandenburg gekommen sind ...

noch möglich, aber heut' hätte die Hexe ein Handy, das könnte man stibitzen und Hilfe herbeirufen – ach, was rede ich denn: Wo sind denn die Hexen geblieben?

Und den Wäldern machen die Erlebnisparks Konkurrenz ... Schon findet sich am Ende des Waldspaziergangs ein Märchenpark, Volksliedergedudel aus Lautsprechern vertreibt die letzten Geheimnisse, alle Tiere und den Rest des Zaubers, der sich nur selten einstellt, weil er ein Zauber ist. Die Kinder aber jubeln den alten Geschichten zu im Rhythmus der Mechanik, die die Puppen erscheinen läßt, und es ist schwer, ihrer Schaulust zu widerstehen. Die Frage sei daher nur ganz leise und vorsichtig gestellt, ob dem entdeckten Vogel im Ästegewirr, der überraschenden Begegnung mit einem Reh am anderen Ende der Wiese, ob dem (unbegründeten, doch um so wohligeren) Schauder vor der großen Raubkatze mit den Pinselohren, die unentdeckt hier (im Bayrischen Wald, im Schweizer Jura ...) irgendwo umherstreift, ob all dem doch ein Besonderes innewohnt, das die Parks samt all ihren jährlichen Neuerungen niemals zuwege bringen werden.

Noch stehen die Welten einander gegenüber: wir können wählen, wohin wir am Sonntag wollen! Wir haben inzwischen gelernt, daß wir den Wald brauchen: zum Leben. Daß er, noch ehe es ans Leben geht, für unser Wohlbefinden wichtig ist. Daß die Wälder und Fluren wichtig sind für die Tierwelt; daß Tier- und Pflanzenwelt wichtig sind für das Zusammenspiel des Lebens im planetarischen Haus, das wir bewohnen – „Ökologie" ist die Lehre vom Haus, von seinem Funktionieren.

Und im Angesicht der Verheerungen, die wir mit unserem Kampf gegen die Wildnis auch angerichtet haben, kippt oft genug die Stimmung ins Gegenteil dessen, was in den Jahrzehnten begeisterter industrieller und materieller Entwicklung die Meinungen beherrscht hatte: Plötzlich wird die Stadt zum „Moloch", zum Ungeheuer, das seine Kinder frißt. Plötzlich wird der behauene Stein, den wir im Angesicht des Waldes errichteten, zur Mauer, die uns von der „unberührten Natur", vom „wahren Leben" oder auch nur von der „gesunden frischen Luft" abschneidet. Wir sehen nur noch Asphaltbänder, die kein Leben mehr hindurchlassen, nur noch Schornsteine, die Dreck in die Luft pusten, nur noch Autos, die Platz wegnehmen, wo Spielplätze sein könnten ... unter rauschenden Baumwipfeln ...

3.   Nun bin ich zurückgekehrt in die Stadt und zu den Stadtbäumen ... Aber der Schlenker sind noch nicht genug: denn wie ist das denn tatsächlich, im Alltag, täglich ...?

11

Was soll das eigentlich mit den Bäumen in der Stadt? Ich gehe an ihnen vorbei. Ich habe zu tun. Die Geschäfte schließen später, aber ich habe mir auch noch mehr vorgenommen. Ich konsultiere meinen Einkaufszettel. Ich weiche anderen Einkaufszettelkonsultanten aus. *Good ol' Simmance* mit seinem Akkordeon begleitet mich im Hintergrund meiner Wahrnehmung ungefähr hundert Meter weit, hält mich aber nicht lange auf. Es hat geregnet, und das Pflaster die Marktgasse hinauf ist glitschig. Darauf achte ich. Die Sonne scheint, aber ich habe trotzdem zu tun.

Und die Bäume? Die lenken mich allenfalls ab. Was wußte ich von den Stadtbäumen, ehe wir uns intensiver mit diesem Thema beschäftigten? Wenig, herzlich wenig! Und das, obgleich wir uns seit Jahren mit den Problemen des Waldes herumschlugen? Was für Bäume stehen am Holzmarkt? (Keine.) Am Marktplatz? (Keine.) (Vorsicht: Das stimmt nicht ganz!) Hinter der Stiftskirche? Was für ein wunderbar lauschiger Platz sich dort befindet, merkte ich erst, als die Vorleseabende 1996 unter den Bäumen begannen, wo einstmals ein Friedhof lag. Ich sitze an einem milden Sommerabend beim Hirsch an den Tischen des Eiscafés draußen; ist mir bewußt, daß da ein Baum über mir aufragt? Was heißt einer: zwei sind es, schauen Sie nach! Oder jener Baum am Faulen Eck, oberhalb des Marktplatzes, dort wo die Burgsteige beginnt: Er ist stachlig! Seine Äste sind mit Stacheln bewehrt, und sein Stamm scheint mit ganzen Büscheln von Stacheln regelrecht von Wucherungen übersät zu sein. Viele Jahre lief ich dort regelmäßig vorbei, und ich sah nur im sommerlichen Vorübergehen, so aus dem Augenwinkel, grüne Blätter – das ist ja auch schon was Schönes, daß es das noch gibt!

Die Boten des Waldes, der ungebärdigen, stachligen Wildnis sind noch da, selbst wenn uns die Stadt beherrscht. (Selbst wenn die Wälder ihrerseits in unseren Breiten Kulturland darstellen, wenn wir ehrlich sind.)

Selbst wenn uns der Alltag beherrscht. Aber die Bäume halten sich mit langem Atem zurück. So sie überleben, überdauern sie uns meist. Sie leben ihren eigenen, wenn immer möglich ungebärdig-geordneten Beitrag zum Haus des Lebens. Sie beschatten uns, nicht weil sie uns besonders wohlgesonnen wären, sondern weil wir glücklicherweise viel kleiner als sie sind (oder sie viel größer). Immerhin können wir sie dennoch entdecken und uns mit ihnen befassen, mit dieser ganzen „Abteilung des Hauses":

Jeder tapfere Baum, den ich inzwischen erkenne, unterminiert aufs Wunderbarste die vollkommene Verfügung über den Raum und den Boden, dessen sich manche Asphaltnasen einst rühmten. Kleines unscheinbares Pflanzenzeugs dringt zwischen den Pflastersteinen hervor und überzieht Wege mit einem

Hauch grünen Schimmers. Und dieses Zeugs ist wahrhaft hartnäckig: Drauf rumzulaufen, mindert es höchstens, beseitigt es aber nicht.

Füchse lassen sich in den Städten nieder, auch in Tübingen, in Hamburg wurden Eulen gesichtet, mir fallen die Kronstadter Wölfe ein ... Ameisen bauen Pfade in den Sandritzen der Steine. Ein Biologe aus meiner Nachbarschaft fängt Mäuse im Kompost – wenn meine Katze nicht schneller ist.

Ärgert uns jedoch die Stadt, geht unser Blick eher aus ihr hinaus, dann fliehen wir sie womöglich, wann immer das geht. Aber das führt zu einem weiteren bedenkenswerten Kuddelmuddel der Gedanken!

Denn dort draußen ist zunächst einmal der ordentliche Wald: Der als Wirtschaftswald eine wichtige ökonomische Funktion besitzt – der aber auch aus öden Monokulturen bestehen kann, daß einem ein neuer Wirbelsturm – wie zum Jahreswechsel 1990/91: Wiebke – fast wünschenswert erscheinen mag! Ein Wald, der bedroht ist vom Schmutz der Städte, der gestört ist vom Autolärm der Erholungshungrigen, wenn wir denn in Massen auftreten ... die Wildnis ist nur mehr ein Schemen!

So wir uns aber dort draußen der wahrhaften Wildnis zumindest erinnern, ist auch heute das Unbehagen nicht fern. Gehen Sie nachts in den Wald. Tun Sie's alleine. In Ordnung: Nehmen Sie ein paar Freunde mit, und verbringen Sie ein paar nächtliche Stunden irgendwo zwischen den Bäumen. Seien Sie leise, lauschen Sie! All die Geräusche. Was soll Ihnen denn passieren? Glauben Sie ernsthaft, irgendwelche Verbrecher lauern Ihnen ausgerechnet hier mitten im Wald auf? Vermutlich ist ein Fleckchen unter hohen Bäumen, abseits der Wege, einer der sichersten Plätze, um in Ruhe zu schlafen. Was hält Sie davon ab (von Verboten mal abgesehen, klar!)?

Sich die Natur – *Welche Natur?!!* – wieder herbeizuwünschen, ist nicht ohne Tücken. Aber die Lockung bleibt! Das Ungebärdige, das Geheimnisvolle, das Rätsel ...

Die Stadt ist die Stadt, und der Wald ist der Wald. Jahrtausendelang wurde dem Menschen die Wildnis zu viel. Wenn wir auch noch die Reste vernichten oder nur allzusehr domestizieren (das fängt bei den Geschichten und den Träumen in unseren Köpfen an!), dann, behaupte ich, ohne an dieser Stelle präzise Beweise vorlegen zu können, geht etwas Unersetzliches verloren. Aber das heißt nicht, daß jetzt stattdessen die Städte niedergelegt werden sollten, ebensowenig, daß sie – etwas weniger radikal, aber nicht minder tragisch – innerlich aufzugeben wären. Bleiben Sie in der Stadt!

Was wären wir ohne Museen, ohne Kinos und Theater, ohne Kneipen, Restaurants, Discos und Cafés, ohne den sommerabendlichen menschenübersäten

13

Marktplatz! Wohin überall Straßen führen sollten! (Auch die Radfahrer brauchen sie, und für Gehbehinderte ist der Asphalt ein Segen!) Was wären wir ohne die Nähe von Arbeit und Wohnen, von Ausbildung und Produktion, von Kinderwagen und Blaumann! (All dies existiert kaum noch, ich weiß, aber es ist eine Funktion der Stadt und nur in ihr wiederherstellbar!) Was wären wir ohne gelungene Bauten, seien sie altehrwürdig oder fantastisch modern, ohne Parks zwischen Häusern, ohne Alleen, wo pulsierendes Stadtleben und Bäume sich durchaus arrangieren könnten ... (wenn man's geschickt anstellte!)

Die Klage über Städte und Straßen, ja selbst über Schornsteine, sollte nicht die gleichen Fehler machen, die den Menschen dazu brachten, die fremde Wildnis jenseits der Siedlungen zu dämonisieren und abzuwerten. Wie wär's mit dem Dritten Weg?

Ich sehe auf meinen Bambuswald hinaus, dem ein zunehmender Mond, um ein paar Hausecken herum, zu geisterhafter Sichtbarkeit verhilft. Ich träume wieder ... Die Zahl der Bäume in Tübingen wächst ... die Zahl der Autos geht nicht gegen Null, doch sie stagniert ... (Das Benzin kostet viel Geld, aber die Autos brauchen nur noch einen Liter auf hundert Kilometer.) Die Zahl der ordentlich geschnittenen Bäume in Tübingen wächst, aber die der ungeordneten, unordentlichen, der „tapferen" Bäume auch! Busse mit Brennstoffzellenantrieb und Straßenbahnen wechseln mit leisem Surren wie Wild zwischen der Stadt und dem Wald und der nächsten Stadt und dem nächsten Wald ...

Im Jahre 2050 macht Waldhäuser Ost seinem Namen endgültig Ehre: Statt der unansehnlich gewordenen Wohnblocks des 20. Jahrhunderts erheben sich pflanzen- ja sogar baumbewachsene Hügelbauten. Auf dem neuen Weißdornweg 16 wächst obendrauf ein genau solcher, und von dem Aussichtspunkt dort droben reicht der Blick ungestört über den Schönbuch (in dem gelegentlich Wölfe gesichtet werden, auf dem Weg in den Schwarzwald) oder hinüber zum Albtrauf, wo am Stadtrand von Pfullingen bereits seit Ende des letzten Jahrtausends das erste Hügelhaus der Region (eine Gärtnerei), zu besichtigen ist ...

Der Wildnis Raum bei den Häusern ... zwischen den Häusern ein Wald ... Wandern Sie los!

Der Stadtbaum-Führer

Wo sollen wir beginnen? Den Bäumen ist es gleich, sie warten geduldig. Nun, vielleicht kommen Sie von der Neckarbrücke aus in die Altstadt, dann steigen Sie doch die nicht nur zu Geschäftszeiten quirlig-belebte Neckargasse hinauf – und achten Sie darauf, ob Ihnen schon etwas am Straßenbild auffällt, das mit unserem Thema zu tun hat. Wir werden darauf an späterer Stelle zurückkommen.

Etwa auf halber Höhe, wo die Straße nach rechts knickt, biegen Sie links in die Bursagasse ein und gelangen schließlich an einen der klassischen Tübinger Plätze: vor der Burse, dem Philosophicum, jener weite Platz über dem Neckar, wo Sie sich erst einmal umsehen und dann den Blick über den Fluß schweifen lassen können ...

Bursagasse, vor der Burse (1):

Die alten Platanen, unter denen Sie stehen, weisen am Stamm Aufrißstellen auf. Sie wurden mit Gittern versehen. Das war notwendig, damit sie nicht als Müllkippe verwendet werden. Solche zugänglichen Hohlräume in Bäumen sind ideale Überwinterungsplätze für Fledermäuse. In den Bäumen der Platanenallee, die von hier aus gut zu sehen sind, leben vier Fledermausarten: der Abendsegler, das Mausohr, die Wasser- und die Zwergfledermaus. Nebenbei angemerkt: die Platanen dieser Allee sind jetzt ungefähr 180 Jahre alt.

Im Oktober 1994 erschreckte eine Fotomontage die Tübinger Bevölkerung. Darauf war die berühmte Neckarfront mit dem Hölderlinturm zu sehen – und die Platanen waren allesamt gefällt! Dies geschah nach einer kontroversen Gemeinderatssitzung, bei der es um die Zukunft der kränkelnden Bäume gegangen war. Offenkundig wurde damals für viele, daß auch Bäume nicht ewig leben, selbst unter günstigen Bedingungen. Auch für ein Wahrzeichen kommt eines Tages der natürliche Tod. Doch zeigten anschließende Untersuchungen, daß dieser Tag im Falle der Allee noch Jahrzehnte in der Zukunft liegen dürfte – so nicht beschleunigende Faktoren wirksam werden!

Ist er Ihnen eigentlich aufgefallen: der Platanenjungspund neben den alten Riesen hier am Platz vor der Burse, ganz auf der rechten Seite? Da steht er, umgeben von meterbreitem Wildwuchs, noch nicht eingefügt in die ehrwürdige

Ordnung seiner Nachbarn. Eines fernen Tages mag es genau umgekehrt sein: wenn dieser Baum sich mächtig erhebt und neben ihm für die müde gewordenen Nachbarn neue Jungbäume gepflanzt worden sind ...

Ansonsten können Sie im Vorfeld des Flusses neben anderen Bäumen noch einen schön mit Kletterpflanzen umwachsenen Silberahorn (Acer saccharinum) mit seinen tief geschnittenen, fast fransig wirkenden, dennoch typisch in mehrere Lappen auslaufenden Ahornblättern erkennen.

Neben dem Hölderlinturm steht eine der im Innenstadtgebiet ziemlich seltenen Fichten (Picea abies). Sie ist auch im „merk-würdigen Baum" abgebildet. Vergleichen Sie die Zeichnung mit der heutigen Wirklichkeit: Der Baum wirkt krank, die benadelten Äste hängen herab. Leider gut möglich, daß die Neckarfront – nach dem Bruch einer Weide beim Orkan Wiebke, Silvester 1990/91 – absehbar eine weitere Einbuße wird hinnehmen müssen.

Achten Sie im Weitergehen Richtung Evangelisches Stift rechterhand auf die bewachsene Wand des „Aquarius"-Hauses und seines Nachbarn: die beiden Glyzinien bieten in der Blüte einen traumhaften Anblick! Allerdings hat es seinen Grund, daß sie mit Stahldrähten verspannt sind. Eine Anmerkung dazu finden Sie beim Nonnenhaus (☞ S. 89).

Faules Eck, Ecke Neckarhalde/Burgsteige (2):

Von der Bursagasse her kommend sehen Sie kurz vor den Treppen zum Faulen Eck hinauf bei genauerem Hinschauen einen Baumstumpf. Hier stand ein – für diesen Standort – prächtiges Exemplar einer wild gewachsenen Esche. An den Jahresringen können Sie abzählen, wie lange sie an diesem Platz geduldet war. Anfang 1998 fehlte der Baum plötzlich. Warum wurde er gefällt? Es gibt eigentlich nur zwei plausible Gründe: Der Baum hätte irgendeine Mauer in ihrem Zusammenhalt bedroht oder unzumutbar Fenster verdeckt. Das scheint uns hier nicht unbedingt relevant. Eher stellte er wohl eine Störung der Symmetrie im Kopfsteinpflaster dar. Fänden Sie das seltsam oder gar unverständlich? Wir eigentlich auch, aber fragen Sie sich ehrlich: Wie viele (kleinere?) Pflanzen haben Sie schon irgendwo beseitigt, weil der Wildwuchs Ihren Ordnungsvorstellungen nicht behagte? Ein Baum ist kein Unkraut, in Ordnung! Oder doch?

Ein bemerkenswert stachelbewehrter Baum beherrscht diesen Platz. Er wird wegen seiner eindrucksvollen Dornen Christusdorn genannt. Sein richtiger Name ist Gleditschie (Gleditsia triacanthos). Er gehört zu den Hülsenfrüchtlern (Leguminosae), stammt von der Mississippi-Mündung und kam um 1700 nach Europa. Benannt ist die Gleditschie nach dem Berliner Botaniker und Forstwissenschaftler Johann G. Gleditsch (1714 – 1786) und nach den häufigen Dreiergruppen ihrer Dornen.

Als anspruchsloses und winterhartes Park- und Straßengehölz leistet die Gleditschie gute Dienste. Allerdings werden von Parkverwaltungen, die an die strengen Sicherheitsvorschriften der deutschen Rechtsprechung gebunden sind, eher dorn- und hülsenlose Baumarten bevorzugt. (Passen Sie auf: gelegentlich schießt das Aas! Abgeschnittene Äste sollen auch schon einmal einem Autofahrer die Reifen gelöchert haben!) Entsprechend „zivilisierte" Zuchtformen der Gleditschie finden sich daher vermehrt. Die Samen in den ungewöhnlich großen, bohnenähnlichen Hülsen wurden als Kaffee-Ersatz verwendet und können wie Linsen zu Suppen und Gemüsegerichten verarbeitet werden.

Es gibt noch mindestens zwei weitere Orte im Innenstadtbereich, an denen sich Exemplare dieser Baumart befinden. Sie werden sie sicher finden, spätestens dann, wenn Sie gepiekst werden.

(A1) Wo befinden sich diese Orte?

Marktplatz, Rathaus (**3**):

Der Marktplatz ist wahrhaftig kein grüner Platz. Allerdings ist auch kaum mehr vorstellbar, daß vor Einrichtung der Fußgängerzone Ende 1971 Autos vom Holzmarkt kamen und am Rathaus vorbei zur Haaggasse hinauf oder rechts hinunter durch die enge Marktgasse fahren durften.

Und doch behauptet sich hier ein echtes Bäumchen: Am Abgang zur öffentlichen Toilette linkerhand des Rathauses steht eine kleine Ulme. Sie erkennen diese Baumart sehr leicht am höchst asymmetrischen Blattgrund: die eine Seite des Blattes setzt deutlich später an als die andere. Hinter der Ulme verbirgt sich noch ein Cotoneaster, ein Strauch. Obwohl beide Pflanzen gesetzt wurden, gewiß zwei „tapfere Wesen"! An dieser Stelle haben sie sicher keine Chance, sehr groß zu werden – um so bemerkenswerter ist gerade das Bäumchen, denn das Schicksal der europäischen und teils auch nordamerikanischen Ulmen ist geradezu tragisch zu nennen:

Der sogenannte Ulmensplintkäfer überträgt, während sich das Weibchen zur Eiablage in die Rinde der Ulmen frißt, einen Pilz, der im Bauminnern auskeimt und so die Leitungsbahnen der Ulme durch Unterbrechung des Wassertransports zum Austrocknen bringt. Erst werden gelbe Blätter sichtbar, dann sterben Äste und Zweige ab, schließlich der ganze Baum. Seit 1919, als die Krankheit erstmals in Holland auftrat und sich schnell verbreitete, ist kein Heilmittel gegen sie gefunden worden. Da der Aktionsradius der Splintkäfer jedoch relativ gering ist, haben unter Umständen Einzelbäume weitab anderer Ulmenstandorte eine gewisse Chance. Sie werden feststellen, daß wir auf unserem Weg tatsächlich noch ein paar verstreuten Ulmen begegnen werden – und diese hier verdient wahrlich jeden Respekt!

Kein Wunder, daß Ulmen bis vor kurzem von Gärtnereien kaum oder gar nicht mehr angepflanzt wurden: die Überlebenserwartungen waren zu gering.

Inzwischen gibt es jedoch leise Hoffnung: in Tübingen wurden auf dem Österberg bereits Ulmen einer neuen Sorte gepflanzt, die gegen den Splintkäfer von vornherein resistent ist.

(A2) Lassen Sie hier, am zentralen Punkt der Stadt – und vielleicht noch nicht lange unterwegs – Ihren inneren Blick schweifen: Was glauben Sie: Wieviele Bäume stehen insgesamt in der Tübinger Kernstadt (ohne den Hangwald)?

Burgsteige (**4**):

Ein paar Meter hinauf führt rechterhand eine Treppe schon wieder hinunter. Auf dem Absatz der Stiege war bis 1997 unser Lieblingsplatz für „tapfere" Bäume! Ein Holunder und eine Ahornart behaupteten sich unmittelbar am Zaun, fast ohne Licht, fast ohne unversiegelten Boden und dennoch meterhoch emporgewachsen. Wie die Esche beim Faulen Eck wurden auch sie gefällt. Nun können Sie nur noch die Stümpfe erkennen. Mit dem Begriff „tapferer Baum" sollen dennoch gerade hier die etwas unscheinbaren Gewächse hervorgehoben werden, die an vielen Stellen in der Stadt weiterhin beharrlich um das bißchen Licht, das bißchen Bodenfreiheit, das bißchen Platz kämpfen, das ihnen gewährt ist. Manchmal erscheint es schon unwahrscheinlich, daß sich solche Bäumchen an ihren Standorten halten können. Birke und Eibe gehören zu den Baumarten, die sich fast überall „durchkämpfen" können! Achten Sie auf „tapfere Bäume"! Achten Sie ein Jahr später wieder drauf, ob sie noch da sind!

Sie können sich nun entscheiden, ob Sie den Abstecher über das Schloß machen oder Ihre Tour mit der Rathausgasse (S. 29) fortsetzen wollen.

Wegaufwärts sollten Sie einen Augenblick beim Eingang des Restaurants „Mauganeschtle" verweilen. Hogget Sie sich aber net do na, sondern betrachten Sie die beiden Baum-Sprößlinge neben dem Eingang. Der linke ist ein Götterbaum (Ailanthus altissima), der rechte eine Esche (Fraxinus excelsior). Vom Blattgefieder her durchaus ähnlich lassen sich aber doch Unterschiede erkennen: das Blatt des Götterbaums wird deutlich länger als das der Esche, und seine Teilblättchen (denn jedes der Fieder ist strenggenommen ein einziges Blatt) laufen spitzer zu und haben meist zwei auffällige große Zacken am Blattgrund. Die Esche wird Ihnen immerhin als einheimischer Baum bekannt sein, aber dieser Götterbaum? Wir werden ihm noch ausführlicher begegnen. Sie können derweil schon einmal rätseln, wo Sie in der Altstadt bereits wohlig unter Götterbäumen gesessen sind. (Ganz sicher sind Sie das schon!)

Schloßareal (**5**):

Strenggenommen heißt diese Überschrift: noch vor dem schönen Renaissance-Portal, das durch die äußere Mauer des Schloßareals führt. Hier steht auch ein Baum gewissermaßen zwischen den recht schräg geparkten Autos und macht sich wohl eher daraus was, als daß es ihn scherte, nicht sehr berühmt zu sein. Worum es grad ginge? Nun, dies ist eine ganz gewöhnliche Linde, doch nach dem äußeren Tor treffen Sie nahe des Schloßgrabens auf eine weitere, etwa 25-jährige Linde. Und sie ist die Nachfolgerin der berühmten Ulrichslinde, die cirka 450 Jahre hier stand und Anfang der achtziger Jahre gefällt werden mußte. Der jetzige Baum ist ein Ableger des alten. Wenn Sie sein Alter etwas überrascht: Die zuständigen Gärtner hatten rechtzeitig an den nahenden Tod der alten Linde gedacht und den Nachkömmling wohlweislich aufgezogen.

Von der ursprünglichen Linde erzählt die Legende, Herzog Ulrich habe im Jahre 1534, als er nach 15-jähriger Verbannung sein Herzogtum und die Burg Hohentübingen wieder erobert hatte, beim Einritt in die Burg einen kleinen Lindenzweig am Helm getragen. Den steckte er vor dem Schloß in die Erde, und ein mächtiger Baum wuchs daraus. Aber nicht nur als Symbol der Macht diente die alte Linde. Setzen Sie sich doch in ihrer Nähe gemütlich hin, vielleicht auf die Brüstung mit dem Blick aufs Neckartal, und freuen Sie sich an einem der bekanntesten Gedichte von Ludwig Uhland, zu dem ihn diese Linde angeregt haben soll:

19

Ich saß bei jener Linde
Mit meinem trauten Kinde,
Wir saßen Hand in Hand.
Kein Blättchen rauscht' im Winde,
Die Sonne schien gelinde
Herab aufs stille Land.

Wir saßen ganz verschwiegen
Mit innigem Vergnügen,
Das Herz kaum merklich schlug.
Was sollten wir auch sagen?
Was konnten wir uns fragen?
Wir wußten ja genug.

Es mocht uns nichts mehr fehlen,
Kein Sehnen konnt uns quälen,
Nichts Liebes war uns fern.
Aus liebem Aug ein Grüßen,
Vom lieben Mund ein Küssen
Gab eins dem andern gern.

Wollen Sie überhaupt noch weitergehen? Nun, mehr zur Linde erzählen wir am Kelternplatz, auf S. 59.

Wenn Sie anschließend vor dem Schloß nach rechts bis zur Brüstung gehen, haben Sie einen schönen Blick auf die Altstadt. Achten Sie auf die Verteilung des Grüns im dicht bebauten Bereich und um diesen herum. An Südhängen findet man aufgrund der günstigeren Sonneneinstrahlung eher Gärten und Reste von Obstbaumwiesen, Nordhänge sind eher bewaldet oder ungenutzt.

Es lohnt ein Rundgang durch den ganzen Park um das alte Observatorium herum. Um jedoch zu vermeiden, daß Sie überhaupt nicht mehr in die Altstadt hinunterkommen, haben wir hier – mit zwei Ausnahmen, weil sie fast die einzigen Standorte im Bereich unseres Führers sind – darauf verzichtet, ausgiebig von den einzelnen Baumarten zu erzählen. Das folgt jeweils später. Ja, wir verbleiben sogar in solcher Knappheit, daß wir nicht einmal die Namen jedes Baumes nennen und Ihnen ein paar Rätsel mitgeben, bis wir wieder in der Stadt sind. Dies ist ein Einstiegsort! Erinnern Sie sich an längst ins Vergessen abgesunkene Kenntnisse, an irgendwann nebenbei Gehörtes. Bringen Sie die Altstadt vor Ihr inneres Auge. Und freuen Sie sich hier an dem Ensemble. Noch im Halbrund der Brüstung stehend sehen Sie rechts, wo es wieder in den Park geht, einen mehrstämmigen Nadelbaum mit weichen zweireihigen Nadeln, oben dunkel-, unten hellgrün. Suchen Sie gegebenenfalls nach Zapfen: Sie werden keine finden, denn dies ist eine Eibe, die in einiger Hinsicht etwas anders ist als andere Nadelbäume. Diese hier unterscheidet sich zudem durch ihre Höhe von allen Eiben, denen Sie in der Altstadt noch begegnen werden. Werden Sie eine entdecken, bevor wir sie erwähnen? Ein weiterer Nadelbaum steht gegenüber, in dem abgeschlossenen Gärtchen. Es ist keine einheimische Art, obgleich sie seit einigen Jahrzehnten bei uns angepflanzt

(A3) Hier bietet sich eine weitere Frage an: Was schätzen Sie: Wieviel Prozent des Gesamtstadtgebietes von Tübingen (also Kernstadt + Vororte + zur Stadt gehörendes Umland) werden bedeckt von
– Siedlungs- und Verkehrsflächen (einschl. Erholungs- und Friedhofsflächen),
– landwirtschaftlich genutzten Flächen,
– Waldflächen,
– Wasserflächen,
– sonstigen Flächen?
(Als Anhaltspunkt: Die Vergleichszahlen für ganz Baden-Württemberg lauten:
Siedlungs- und Verkehrsflächen: 12,3 %
landwirtschaftl. genutzte Flächen: 48,2%
Waldfläche: 37,6 %
Wasserflächen: 0,9 %
sonstige Flächen: 1 %!)

wird. Sie weist mehrere Besonderheiten in ihrer Botanik wie ihrer Geschichte auf. Und Sie werden ihr mitten in der Altstadt wiederbegegnen. Haben Sie eine Idee, wo?

Rechts der Holzpforte finden Sie einen Flieder mit seinen glatten, herzförmigen und auffallend spitz zulaufenden Blättern. Jenseits der Blüte ein ziemlich unauffälliger Strauch oder auch kleiner Baum. Wo der Rundweg beginnt, steht ein Walnußbaum. Birken aber prägen diesen Park und tragen mit ihrer weißlichen Borke und den vielen recht kleinen, ziemlich dreieckigen Blättern zum heiter-leichten Charakter des Geländes bei. Nach der ersten folgt ein Purgier Kreuzdorn (Rhamnus catharticus). Auch er, hier aufragend, gilt als Strauch oder kleiner Baum. Seine ovalen, fein gezähnten Blätter besitzen ausgeprägte Blattnerven. Vergleichen Sie sie mit denen der Kornelkirsche auf der anderen Parkseite. Auf der Innenseite des Weges passieren Sie derweil einen alten eingriffligen Weißdorn (Crataegus monogyna). Sein Namenszusatz bezieht sich auf die Gestalt des Griffels, einer stielartigen Verlängerung des Fruchtblattes. Vergleichen Sie auch seine Blätter mit den Weißdornen im Schloßhof. Schon ein paar Meter vom Weg entfernt steht, wiederum außen, eine Stieleiche mit typisch in die Breite sich verästelnden Hauptästen.

Mehrere Spitzahorne schließen sich an, das Baum"unkraut" der Stadt. Warum das? Warten Sie's ab! Die recht großen, ziemlich runden, spitz zulaufenden und gezähnten Blätter der großen Strauch-Bäume, die folgen, gehören diversen Haselnüssen. Sie wechseln sich im weiteren Verlauf der Parkaußenseite mit Flieder und, über der letzten Bank sowie am Ende des Weges, Kornelkirschen ab. (Was, um Gottes Willen, eine Kornelkirsche sei? Und was passiert, wenn Sie ihre Früchte äßen? Begrübeln Sie es bis zum Zwinger, ☞ S. 42!) Wo es in die zweite Brüstung hineingeht, können Sie bestaunen, wie die große, weiter oben mehrstämmige Birke mit ihrem ausgiebigen Kletterpflanzenbewuchs zu einem fast urtümlichen Wesen gerät.

Die beiden Birken im Innenbereich sind sicher eleganter. Zuvor finden sich links und rechts des Denkmals zwei neugesetzte kleine Hainbuchen. Aus ihnen werden Bäume werden. Fällt Ihnen ein, in welcher Wuchsform Ihnen Hainbuchen sonst noch oft begegnen können? (Und wo zum Beispiel an zentralem Freizeit-Ort in der Altstadt?)

Daneben steht ein sehr auffälliger zweistämmiger Baum: bei diesem groß-, beinahe schon riesenblättrigen Exemplar handelt es sich um einen Trompetenbaum. Wenn er etwas exotisch wirkt, so stimmt das nur zum Teil – zumindest wenn wir weit genug in der Erdgeschichte zurückgehen: bis zu den Eiszeiten wuchs hierzulande die Gattung Catalpa, und nunmehr ist sie zumindest in Parkanlagen zurückgekehrt. Neben dem häufigeren gewöhnlichen Trompetenbaum (Catalpa bignonioides) findet sich seltener der Prächtige Trompetenbaum (Catalpa speciosa), aber dies ist ein solcher. Bis zu 30 Zentimeter werden seine Blätter lang, und weisen – auch gegenüber seinem Artverwandten – die Eigentümlichkeit auf, daß sie zwei verschiedene Formen besitzen können: entweder oval und spitz zulaufend oder aber mehr in die Breite gehend, mit einer weiteren deutlichen Zacke auf jeder Seite. Prüfen Sie's nach! Die Blütenstände des Trompetenbaums sind ebenfalls bemerkenswert groß, und schließlich stehen ihnen die schmalen Samenschoten nicht nach, die mehr als 50 Zentimeter lang werden können.

Der verhältnismäßig kleine letzte Baum der Innenrunde trägt im Juni ovalrundliche Früchte an seinen auch nicht gerade kleinen gefiederten Blättern. Sie sind fest, aber Sie können sie durchaus eindrücken. Ahnen Sie, was aus ihnen einmal werden wird? Dies ist eine weitere Walnuß (Juglans regia). Nach den Linden, v.a. der Eibe und der Eiche steht hier noch im Kleinen die nächste Baumart vor uns, die an die Langlebigkeit von Bäumen gemahnen kann: Walnußbäume werden bis zu 600 Jahre alt. Sie bringen allerdings nur in den ersten hundert Lebensjahren reiche Frucht. Da haben gleichalte Birken ihre Lebensspanne bereits fast hinter sich: die beträgt „nur" 90 bis 120 Jahre. Jetzt raten Sie mal, was eine Eibe auf die Waagschale der Zeitläufte bringen kann? (Schauen Sie noch nicht gleich auf S. 48 nach!)

Für die Walnuß gilt, was ihre Herkunft angeht, genau das Umgekehrte wie für den Trompetenbaum. So vertraut sie uns sein mag, ist sie doch eigentlich ein Exot: von den Römern (oder noch früher) in den kühleren Norden importiert können ihr Aprilfröste mehr als anderen Baumarten die Ernte vernichten.

Das Holz der Walnuß gilt als das wertvollste überhaupt hierzulande und besitzt eine der Eiche gleichkommende Festigkeit. Mit der verträgt sie sich ansonsten gar nicht, und die beiden Arten wurden früher nie zusammen gepflanzt. Die Eiche wäre verkümmert, hieß es. So! Also auch Eichen müssen nicht allein den Menschen weichen! Andererseits finden sich viele alte Walnußbäume nicht mehr in der Natur, sondern nur noch im gediegenen Wohnzimmer. Auch der Nußbaum neben der Jauchegrube wird heute kaum noch benötigt: die Blüten des Baums galten als Abwehrmittel gegen Insekten. So werden die Walnüsse weniger, und auch das Öl aus den Früchten, das leider schnell ranzig wird, wurde von anderen Speiseölen verdrängt. Sicher, mit 60 Prozent Fettanteil ist die Walnuß nicht unbedingt das allergesündeste Lebensmittel, aber wenn wir jetzt noch ergänzen, daß man dem Nußbaum früher sogar zuschrieb, er lasse alle Pflanzen in seiner Umgebung verkümmern, und ein Nickerchen in seinem Schatten könne tödlich enden, dann werden Sie sich allmählich fragen, ob wir hier, trotz dieses Jungbaums, nicht einen Abgesang anstimmen, oder?

Baumgeschichte ist Wandlungen unterworfen, die weit über die moderne Geschichte der massiven Landschaftsveränderungen und Umweltschädigungen hinausreicht. Sie werden in diesem Führer noch öfter darauf stoßen, daß wir von vergangenen Dingen erzählen. Manches, wie altbekannte Heilwirkungen, entdecken wir heute neu. Um Zerstörungen, oft unnötiger Art, kommen wir nicht wortlos herum. Anderes wird Geschichte bleiben, ohne daß wir uns darüber allzu sehr grämen müßten. Riskieren Sie doch mal ein Nickerchen. Der Nußbaum galt übrigens auch als Fruchtbarkeitssymbol. Na? Welche überkommenen Vorurteile entdecken Sie noch in sich selber? Vermutlich wird Ihnen zur rechten Jahreszeit eine Nuß aufs grübelnde Haupt fallen – und dann wissen Sie immerhin wieder, was eine „Kopfnuß" ist.

Schaffen Sie es weiterzugehen, ohne ihren Führer in den Schloßgraben zu werfen?

Es paßte vorher nicht: aber gehen Sie noch einmal zur Ulrichslinde hinüber. Richten Sie Ihren Blick nach oben, zwischen Rundturm und Hauptgebäude hindurch: diese große Fichte ist schwerkrank. Ihre benadelten Zweige hängen herab, manche Äste sind ganz kahl, der Baum wirkt ausgefranst. Ganz oben, wo sich der Wipfel zweiteilt, der Ansatz eines Storchennests: auffallend nadelreichere Triebe; aber dies ist kein gutes Zeichen, da kämpft der Baum an einer Stelle noch mit aller Kraft um seine Zukunft. Möglicherweise trägt der exponierte Standort zu seinem Schicksal bei. Wir können es nicht beweisen, und es mag durchaus sein, daß ganz spezifische Ortsbedingungen für seinen Niedergang (mit-)verantwortlich sind – aber er trägt die Stigmata der Umweltverschmutzung. Wann haben Sie zum letzten Mal etwas von kranken Wäldern gehört oder gelesen? Dies ist hier nicht unmittelbar unser Thema, aber achten Sie gelegentlich drauf: selbst wenn nicht mehr so lauthals über Umweltschäden an Bäumen und den Zustand der Wälder diskutiert wird – regelmäßig werden Zahlen veröffentlicht, auch wenn das heutzutage eher nebenbei geschieht. Das knappe Fazit: es ist übertrieben und einseitig, vom Sterben der Wälder zu menetekeln, doch von Entwarnung kann keine Rede sein.

Im großen Innenhof des Schlosses, ansonsten kahl und offen, jeden Blick auf die schönen Wände und Umgänge des Gebäudes lenkend, stehen zwei Bäume auf ziemlich verlorenem Posten. Es sind weitere, diesmal jedoch zweigrifflige Weißdorne (Crataegus laevigata), und es war nicht unbedingt eine glückliche Wahl, mit ihnen etwas Grün in den Hof zu bringen: Weißdorne sind eher Bäume des Waldsaumes. So ungeschützt der Sonne und der Boden- und Wandreflektion ausgesetzt zu sein, schätzen sie nicht. Besser wäre hier eine mediterrane Baumart gewesen.

Steigen Sie auf der westlichen Hofseite die Treppe zum Ludwig-Uhland-Institut hinauf. Schätzen Sie dann mal die Zahl der Stämme an der – wie es aussieht! – 1000-stämmigen Haselnuß vor dem Institutseingang! Aber das ist eine Scherzfrage. Wir haben sie selbst auch nicht gezählt. Bewundernswert ist diese Nuß allemal! Die Haselnuß (Corylus avellana) gilt übrigens nicht als Baum, da sie immer nur mehrstämmig wächst, im Unterschied zur verwandten Baumhasel, der wir im Bereich der Seelhausgasse (☞ S. 49) begegnen werden. Ansonsten ist die Hasel, vor allem im Winter, ein eher unauffälliger Strauch, allerdings mit zwei charakteristischen Merkmalen. Eins ist, daß sie die einzige bei uns wirklich heimische Schalenobstfrucht von Bedeutung ist. Der Buntspecht, das Eichhörnchen und zahlreiche andere Tierarten sind gierig hinter Haselnüssen her. Gelegentlich tragen sie auch zur Verbreitung der Art bei, indem sie Nüsse in Vorräten anlegen, die sie später vergessen. Hinzu kommt der zwar nicht in die Augen springende, bei näherer Betrachtung aber doch höchst bemerkenswerte weibliche Blütenstand. Mitten im Winter, schon im Februar oder noch früher, kommen aus völlig unauffälligen, grünen Knospen einzelne winzige, pupurrote Narben zum Vorschein, die aber, was ihre Attraktivität betrifft, gegen die Blüten der meisten anderen Pflanzen verblassen. Die wenige Tage vor den weibli-

24

chen Blüten blühenden männlichen Kätzchen sind an sonnigen Tagen für Bienen und andere Insekten manchmal die erste Nahrungsquelle.

Die Haselnuß war eines der ersten Gehölze, die sich dort, wo das Land durch Abschmelzen des Eises der letzten Eiszeit frei wurde, ansiedelten. Einige tausend Jahre nach Birke und Zitterpappel wurde die Haselnuß in ausgedehnten Gebieten sogar zur beherrschenden Gehölzart. Für die Menschen der Steinzeit waren Haselnüsse ein wichtiges Nahrungsmittel. Später wurden die kräftigen Stämmchen und Zweige zu Flechtwerk verwendet. Aus dem zähen Holz werden Spazierstöcke gefertigt, und schon seit Menschengedenken wird die beste Zeichenkohle aus dem Holz der Haselnuß gewonnen. Ebenso wie von der Erle verwendet man Y-förmige Zweige des Haselstrauches als Wünschelruten.

In der Mythologie wird die Haselnuß als wertvoller und vielseitig verwendbarer Strauch häufig erwähnt. Man bringt ihn mit dem Tod, mit seiner Überwindung, mit dem Leben danach, mit der Ewigkeit und somit auch mit der Fruchtbarkeit in Verbindung. In vielen Erzählungen und Sagen kommt auch die Schlange vor, die in oder unter dem Haselstrauch lebt, der sogenannte Haselwurm. (Ob es auch hier unterm Haspelturm einen Haselwurm gibt, müssen Sie im Institut erfragen!)

Werfen Sie aber noch einen Blick auf den alten Gesellen gegenüber: Möchte man nicht meinen, er sei vom Lebensimpuls der Hasel getroffen, so zahlreich sind die Blättchen, ja herabhängenden Blattranken an den knorrigen Ästen? Doch das sind nicht seine eigenen! Eine Waldrebe hat sich hier großräumig der dürr gewordenen Zweige und Äste angenommen, und nur weiter oben sind echte Blätter des Baumes zu finden, im Sommer auch noch vereinzelt eine Frucht: dies ist ein alter Zwetschgenbaum. Zwei weitere Artgenossen stehen nahe dem Weg rechterhand, der zu einer tieferliegenden, hauptsächlich mit verschiedenen Holundern bestandenen Bastion führt. Unmittelbar an der Mauer ein alter Apfelbaum, und davor trägt ein ganz junger Apfel seine ersten Früchte.

Im inneren Schloßhof führt ein Gang weiter in „Richtung Wurmlinger Kapelle". Auf ihm gelangen Sie zur Hinterpforte aus dem Schloß hinaus. Werfen Sie ein paar Meter den gepflasterten Weg hinab einen Blick nach links über die Brüstung: da können Sie einer deutlich älteren Walnuß direkt in die Krone lugen. Viele Früchte trägt sie nicht mehr, dürfte also altersmäßig an die hundert Jahre heranreichen. Es folgen Eschen mit ihren lockeren Blattfiedern aus spitz zulaufenden Teilblättchen: was für einen anderen Charakter diese Bäume haben als die Nuß! Nach dem Eingang in den Hinteren Schloßgraben stehen Haseln und wo es wieder hinauf geht, einige Hainbuchen.

Hinterer Schloßgraben (**6**):

In der Tiefe des Grabens konnte man bis vor ein paar Jahren ein regelrechtes Urwäldchen vermuten. 1987 fand das erste Tübinger Sommertheater mit Shakespeares Sommernachtstraum auf der Höhe, wo Sie stehen, und drunten statt. Elfen turnten durchs dichte Geäst; von oben erschien dieses tiefe Gelände wie ein verwunschener Ort. Geblieben sind die großen Eschen: Hier und am Kapitänsweg zeigen sie, was sie vermögen: hoch und prächtig zu wachsen, dabei jedoch leicht und licht zu wirken.

(A4) Können Sie sich vorstellen, aus welchen Gründen das Gelände 1995 ziemlich freigeräumt wurde?

(A5) In zwei Reihen stehen im Graben außerdem einige Obstbäume, und zwar Zwetschgen. Haben Sie eine Idee, wie es an dieser Stelle zu einer kleinen Obstplantage kommen konnte?

Kapitänsweg (**7**):

Der Hangwald zwischen Schloß und Altstadt ist ein artenreicher Mischwald mitten in der Stadt. Es handelt sich bei ihm aber nicht, wie man denken könnte, um eine übriggebliebene alte Bergbewaldung. Vielmehr findet sich auf alten Abbildungen bis in dieses Jahrhundert hier verbuschtes niedrigbewachsenes Gelände, möglicherweise mit einigen „Gärtle". (Tübingen war nie eine reiche Stadt, und man nutzte alles nur mögliche Gelände für den kleinen Anbau!) Vor ungefähr 70 Jahren legte ein engagierter Förster dann einen Baumpark (ein *Arboretum*) an, was auch die Vielfalt der vorhandenen Baumarten erklärt (vor allem oberhalb des Weges). Wenn Sie sich umschauen, werden Sie vor allem Eschen, Kiefern und Ahorne entdecken, daneben ein paar Robinien, Holunder und andere, gelegentlich eine Eiche. (Verdächtigen Sie einige Bäume, über die wir erst später mehr erzählen! Lesen und gehen Sie weiter. Kehren Sie später wieder zurück!)

Bei den Ahornen wollen wir jedoch ein wenig verweilen. Sie gehören zu allen dreien der bei uns häufigen Arten: Das sind der Feldahorn (Acer campestre), der Spitzahorn (Acer platanoides) und der Bergahorn (Acer pseudoplatanus). Ersteren, fast der kleine Bruder der beiden anderen Arten, finden Sie zum ersten Mal ungefähr zehn Meter in den Wald hinein abwärts gehend auf der rechten Seite. Zwei Exemplare stehen nah beieinander. Die typisch dreilappigen Ahornblätter sind beim Feldahorn deutlich kleiner und weder spitz zulaufend wie beim Spitzahorn, noch grob gezähnt wie beim Bergahorn.

Der lateinische Grundname *acer* bedeutet „scharf". Das „Scharfe" am Ahorn ist sein Holz. Es läßt sich höchst wirksam zuspitzen und wurde für Pfeile und Spieße verwendet. Heutzutage belassen wir es wohl eher bei Grillstöcken für die leckere Wurst über dem Feuer, was ja kein Fehler ist! Alle Ahornarten enthalten außergewöhnlich viel Saft mit sehr hohem Zuckergehalt. Dieser Saftstrom ist besonders im Frühjahr sehr stark. Der bekannte Ahornsirup wird zwar von nordamerikanischen Ahornarten gewonnen (zu diesen gehört auch der Eschenahorn in der Mauerstraße – da kommen wir noch hin!), aber in früherer Zeit wurden auch hierzulande aus dem Saft des Bergahorns Sirup, Zucker, Essig, ja sogar ein alkohlisches Getränk gewonnen.. Übrigens: auch dem Eichhörnchen schmeckt der Saft. Um an ihn heranzukommen, nagt es den Stamm an und verursacht dadurch beträchtlichen Schaden. Dagegen ist der Ahorn für Vögel ein höchst uninteressanter Baum.

Hinsichtlich Standortansprüchen und der Häufigkeit in einer Stadt unterscheiden sich unsere drei Arten leicht voneinander. Der Spitzahorn gilt als dekorativer Park- und Straßenbaum, der auf sauren und alkalischen Böden gleichermaßen gedeiht und das Stadtklima gut verträgt. Er ist deshalb in Städten häufiger zu sehen, wenngleich er feuchte Standorte bevorzugt. Die Ahorne, auf die Sie während dieses Spaziergangs noch stoßen werden, gehören überwiegend zu seiner Art. Der Bergahorn mit seinen gerundeten Blättern gilt dagegen vom Zierwert her als recht farblos und ist deshalb in Städten seltener anzutreffen. Zudem ist er gegen Streusalz ziemlich empfindlich. Aber er wird der Mächtigste unter den Dreien: Während es der Spitzahorn auf etwa zwanzig Meter bringt, der schmale Feldahorn höchstens auf fünfzehn, erreicht der Bergahorn mit vierzig Metern die Esche und an Alter immerhin 600 Jahre. Den Feldahorn schließlich sieht man sehr häufig als Stadthecke, hin und wieder auch als Baum. Das liegt daran, daß er nach einem gärtnerischen Rückschnitt sehr gut austreibt. Neben dem Liguster und der Hainbuche bildet er die häufigste heimische Hecke in der Stadt. Sein alter deutscher Name „Maßholder", worin das germanische „mat(i)" = Speise steckt, erinnert daran, daß vor allem er als Futterbaum fürs Vieh diente, dessen Blätter Pferden, Schafen und Ziegen mundeten, aber auch dem Menschen, denn junge Blätter lassen sich wie Sauerkraut zu einer Art Mus vergären. „Feldahorn" heißt er ansonsten, weil er als der lichtbedürftigste der drei selten im Wald, vielmehr am Waldrand und draußen auf den Feldern zu finden ist.

Der ganze Hang beim Kapitänsweg ist ziemlich steil. Die Bäume auf ihm haben neben ihren unmittelbar ersichtlichen Funktionen des Klimaausgleichs (Merken Sie, wie es kühler wird?), des Lebensraums für Tiere und der Erholung auch Bedeutung für die Stabilisierung des Geländes. Wer weiß, ob ohne dieses Wäldchen das Schloß nicht Lust bekäme, der Altstadt etwas näherzurücken! Allerdings bereitet auch der Wald selbst den Stadtgärtnern immer wieder unerfreulich-spannende Momente. Tatsächlich ist der Hang eigentlich zu steil für viele der Bäume. Wenn Sturmwetter einen Stamm bricht, kann er zu Tale rutschen. 1996 beispielsweise war einer der alten Bäume kurz davor zu kippen und auf ein Haus zu stürzen. Er konnte aber rechtzeitig gefällt werden. (Die Stadtgärtner laufen in solchen Fällen Gefahr, persönlich belangt zu werden!) Auch 1997 kam eine Eiche in gefährliche Schräglage, sie neigte sich auf das Gebäude am Haagtor zu, in dem sich das Kino Atelier befindet und erlitt dasselbe Schicksal. Abwärts gehend könnten Sie einige mächtige Baumstümpfe in Wegnähe entdecken, wenn nicht das Unterholz so dicht wäre. Schon außerhalb des Waldes, wo die Häuser von unten nah heranrücken und immer weniger Raum ist, wurde einem Büschel Eschen und weiteren Bergahornen eine andere Problemlösung abverlangt: Gänzlich heruntergeschnitten – aber eben nicht entfernt! – sind sie dabei, eine Art Hecke zu werden!

Schließen wir noch zusammenfassend die wichtigsten Gesichtspunkte zur Bedeutung von Bäumen in der Stadt an (☞ auch die Abschnitte zu Wasserhaushalt und Stadtklima ab S. 105):

- ◆ Sie filtern und binden Stäube und Gase aus der Luft und setzen gleichzeitig Sauerstoff frei, d.h. sie verbessern die Luftqualität.
- ◆ Sie erhöhen die Luftfeuchtigkeit durch Verdunstung und verhindern das Aufheizen von Straßen und Gebäuden durch ihren Schattenwurf, d.h. sie mildern das extreme Stadtklima ab.
- ◆ Sie setzen die Auswirkungen der Erosion durch fließendes Wasser herab.
- ◆ Sie stabilisieren den Boden.
- ◆ Sie verringern die Windgeschwindigkeit und hemmen dadurch in ebenen, sandigen Gebieten (zum Beispiel in Norddeutschland) die Winderosion.
- ◆ Wo Bäume sind, ist meistens der Boden nicht vollversiegelt, d.h. es kann sich Grundwasser bilden.
- ◆ Sie bieten Lebensraum für zahlreiche Tierarten.
- ◆ Etwas vom natürlichen Jahresrhythmus bleibt auch mitten in der Stadt erlebbar (Knospen, Blüten, Früchte, Blattfärbung, Blattfall).

Gräßlich unoriginell hört es sich an, wenn wir zum Schluß in den zeitgeistgemäß auf Werbung orientierten Tenor einstimmen, daß Bäume in Parks, Alleen, Biergärten etc. die Attraktivität einer Stadt erhöhen. (Hätten Sie's gedacht?) Und daß sich dies positiv auf das Lebensgefühl der Städter (wie für den Fremdenverkehr) auswirkt ... Aber nur so banal-einleuchtend ist das gar nicht. Psychologische Untersuchungen über die Wahrnehmung von Natur kamen zum Beispiel zum eigentümlichen Resultat, daß für Stadtbewohner Parks selbst dann wichtig und wertvoll sind, wenn sie diese kaum oder gar nicht selbst besuchen. Allein das Wissen um ihr Vorhandensein übt offenbar eine positiv-anregende Wirkung aus (Und dieses Wissen ist nicht mit dem intellektuellen Wissen um die genannten Funktionen von Bäumen zu verwechseln!).

Fragen Sie es sich doch einmal selber: Wann und wie oft „benutzen" Sie Ihnen bekannte, nahe gelegene Parks und andere passende Orte? Wie viele Bäume lauern ganz am Rand ihrer Alltags-Wahrnehmung? Und würden Sie es vielleicht doch merken, wenn sie plötzlich fehlten? (Erinnern Sie sich an diese Fragen, wenn wir zum Haagtor kommen!) Außerdem gilt: Je angenehmer und abwechslungsreicher die Stadt, desto weniger fahren ihre BürgerInnen zumindest an jedem Wochenende ins Grüne. Wo dies mit dem Auto geschieht, hat also die Natur in der Stadt ganz nüchterne Bedeutung für eine geringere Umweltbelastung außerhalb!

Wir müßten unsere grünen Riesengenossen eigentlich bezahlen – wenn sie darauf Wert legten –, so viel wie sie (außer für sich selber) auch noch für uns tun! Zum Punkt mit der Luftqualität jetzt noch ein paar anschauliche Überlegungen in Frageform:

> (A6) Wieviele Blätter hat wohl eine cirka 100-jährige Buche mit 25 m Höhe und 15 m Kronendurchmesser?
>
> (A7) Da kommt einiges an Fläche zusammen. Wenn man alle Blätter dieser Buche aneinanderlegte, was schätzen Sie, welche Fläche dieser „Blattteppich" (gemäß neuer Rechtschreibung!) bedecken würde? 50 m² 400 m² 1600 m² 4500 m² (Zwei Vergleichswerte: Ein Fußballfeld hat eine Fläche von cirka 7350 m², ein Tennisplatz (beim Doppel) cirka 261 m²!)
>
> (A8) Für wieviele Menschen produziert diese Buche täglich Sauerstoff?

Rathausgasse (8):

Beginnen wir hier, in der steilen Gasse zwischen Rathaus und Löwen-Kino, mit einem Hinweis auf ganz „anderes Stadtgrün" als Bäume: Lassen Sie Ihren Blick sinken, hinunter aufs Pflaster: Zu Ihren Füßen finden Sie geradezu üppige Beispiele für die sogenannte Pflasterritzenvegetation. Das sind vor allem hartnäckige niederliegende oder kriechende Pflänzchen, die sich am Getretenwerden nicht sonderlich stören. Nicht weniger als 77 Arten können sich in den Ritzen und Fugen des Tübinger Pflasters behaupten! Und auch für diese Vegetation gelten die Vorteile der Bäume und Fassadenpflanzen: Kleinvieh macht ebenso Mist!

Allerdings gibt es Grenzen der Hartnäckigkeit: Erkennen Sie (grob) die „Pfade", auf denen sich hier (und anderswo) die Hauptströme der Passanten bewegen? Wenn Sie dann wieder aufschauen, können Sie sich von zwei modernen Stadtplätzen fesseln lassen, nah beieinander gelegen und doch in ihrer Art gänz-

lich verschieden. Direkt an der Gasse: das Idyll des Hofes am Durchgang zur Marktgasse, gleichermaßen gestaltet wie etwas unordentlich-natürlich belassen. Im Zentrum steht eine Sommerlinde. Vorne wächst ein Bäumchen schräg aus dem Gelände heraus, eine Sal-Weide (Salix caprea) mit am Rand welligen, unterseits graugrünen, flaumig behaarten Blättern. Entdecken Sie auch die kleine Birke im Hintergrund? Wähnt man sich nicht geradezu an einem dörflich-verschwiegenen Ort, der zum Niedersetzen einlädt, zum Sinnen und Träumen?

Dies ist aber kein altehrwürdiges Plätzchen, ungeachtet der historischen Bauten um es herum. Der Hof ist in seiner Anlage modern. Er entstand im Zuge der Altstadtsanierung durch Abriß zweier Häuser. So nah dem Marktplatz, den quirligen Gassen ganz in der Nähe, ist er ein schönes Pendant zu diesen. Gemeinsam können sie als ein Beispiel dafür dienen, was Stadt im besten Sinne ausmacht: Pulsierendes Leben – und Ruhe! Überfluß, Luxus der Fülle – und Bescheidenheit, Luxus der Kleinteiligkeit! Behauener Stein, gegossener Beton – und lebendiges Wachstum. Die Gasse Richtung Marktplatz: die unauffällige Verbindungsader zwischen den Polen, den Welten. Solche Orte – wo sie öffentlich gefördert werden – entfallen rasch in den Finanzhaushalten der Gemeinden, wenn die Gelder knapp werden. Aber sie gehören zum Luxus im besten Sinn, den eine Kultur sich leisten kann, der es nicht mehr nur ums Überleben geht. Sie machen Zivilisation aus.

Nach diesen schönen Worten der merkwürdigere zweite Platz: ein paar Meter wegaufwärts, hinter dem Eingang zum Ratskeller, führt ein Tor auf einen öffentlichen Spielplatz, in dessen Mittelpunkt ein Kirschbaum steht: eine Grünanlage mit Sträuchern, Sandkasten, sogar einem Kletter- und Spielhäuschen am Rand (Foto S. 31). Aber da ist ein Geländer! Kein Wunder, denn tatsächlich ist dies das Dach der Rathaustiefgarage, und an jenem Geländer stehend läßt sich vorstellen, wie umfangreich die Veränderung im Rahmen der Altstadtsanierung hier stattfand. Kaum ein Haus im Blickfeld, das nicht um- oder neugebaut wurde. Unter diesem Platz fahren Autos ein und aus, dort herrscht das beunruhigende, manchmal bedrückende Dunkel jener bunkerähnlichen Riesenkammern, die nur in Kriminalfilmen zu kurzem heftigem Leben erwachen. Auch hier begegnen sich mithin die Welten verschiedenster Art, nicht horizontal, sondern vertikal, und es kann eigenartig anmuten, daß die Kirsche auf dem Dach keine Verbindung zum Untergrund, zum natürlichen Boden hat. Vielleicht erscheint auch Ihnen dieser Ort etwas zwiespältig. Aber er verkörpert immerhin ein Bemühen moderner Stadtplanung um Kompromisse zwischen Alt und Neu, Leben und Bauwerk, das anderswo gar nicht stattfindet[2].

Stellen Sie sich einen ganzen unterkellerten Wald vor. Das wäre wohl ziemlich pervers, doch in der Stadt erscheinen uns eher die lieb- und gesichtslosen Orte pervers, wo die Natur völlig ersatzlos zu weichen hatte.

Auf dem Dach finden Sie unter anderem noch eine Hainbuche bei den alten Steinstufen, eine Eberesche (auch Vogelbeere genannt) an der Hauswand Richtung Haaggasse, mit ihren ovalen gezähnten Fiederblättchen, die viel kleiner als die der Esche sind. Im fernsten Winkel vor der Brüstung ein Hartriegel (Cornus sanguinea), der meist als Strauch „rangiert". Seine eiförmig-zugespitzten Blätter sind oben dunkelgrün mit deutlich abgesetzten helleren Blattadern. Zerreißen Sie eins vorsichtig: es sollte dünne Fäden ziehen. Unten, neben der Einfahrt zur Tiefgarage, steht ein schöner Baum mit höchst eigentümlichen tiefgezackten Blättern: ein weiterer Silberahorn, den Sie hier, im Unterschied zum Platz vor der Burse, von Näherem betrachten können.

Wenn dieser zweite Platz schon merkwürdig war, dann ist unser nächster Standort noch einen guten Dreh seltsamer. Wir behaupten einfach ungeschützt, daß der folgende „Baum" einen Preis für das ausgefallenste Gewächs in dieser Stadt

---

[2] Allerdings sollte nicht vergessen werden, daß der Boden an dieser Stelle natürlich total versiegelt ist und damit z.B. keine Grundwasserneubildung stattfinden kann.

erhalten sollte! Gehen Sie die Rathausgasse fast ganz hinunter. Gegenüber vom Löwenkino müssen Sie dann auf das Dach des Geschäftshauses hinaufsehen. Dort wächst so einiges, unter anderem ein meterhoher Baum, der auf den ersten Blick mit seinen kleinen lockeren Blättern an eine Birke erinnern mag.

Aber schauen Sie genau hin? Irritiert Sie nicht bereits etwas die künstlich wirkende Baumspitze? Konzentrieren Sie sich auf den Hauptstamm! Das ist überhaupt kein Baum, nicht im geringsten! Dort wurden an ein dickes senkrechtes Rohr weitere Stäbe gebunden, und an diesen rankt sich eine Kletterpflanze, stolz ob ihrer Chance, als etwas ganz anderes scheinen zu dürfen, in die Höhe. Letztendlich scheint das ganze Gebilde, samt zweier Seiten"äste" doch als Antenne zu dienen oder gedient zu haben; wir aber lassen es als „Exoten" durchgehen.

Judengasse (**9**):

Es scheint, daß auf diesem bißchen Raum im Zentrum der Altstadt Freude und Zwiespalt des städtischen Baumdaseins äußerst eng beieinanderliegen. Und es geht noch weiter: Von der Rathausgasse gelangen Sie durch die Hausdurchfahrt oberhalb des Löwen, an der Tiefgarage vorbei, zu einem Gassenkreuz. Sämtliche vier Arme machen die alte Judengasse aus, und ihr Abschnitt, der geradeaus weiter führt, ist gewiß einer der idyllischsten Plätze in dieser Stadt, obgleich er nur ein paar Meter von der lebhaften Krummen Brücke entfernt liegt. Dazu trägt nicht wenig das Straßengärtchen an der Ecke bei. Eine Anzahl Pflanzentöpfe – unter anderem mit Lebensbäumen, Jasmin und Oleander, ja auch einer kleinen Korkenzieherweide – umgeben ein lauschiges Plätzchen – ein Freiluftmenuettchen für einen Menschen auf dem einzigen Stuhl darin – und jede Menge Pflanzen und Getier mit dabei. Seien Sie höfliche Zuschauer, beobachten Sie das jahrelang währende Schauspiel:

Einst, Anfang der achtziger Jahre, war hier wie anderswo nur eine Hauswand, in Gefahr, von Rabauken besprayt und von noch viel größeren Rabauken mit ihren Autos gerammt zu werden (was Mitte 1998 schräg gegenüber mal wieder geschah und immer noch (Mitte 1999) zu besehen ist!). Dann begann die Hausbesitzerin mit Gegenmaßnahmen. Und die Laube ist ja beileibe nicht alles, was zustande kam: An der Hauswand rankt sich Efeu empor. Unmittelbar an der Ecke ist ein Sanddorn (Hippophaë rhamnoides) mit seinen hellen kleinen Blättchen erstaunlich kräftig – kein Strauch mehr, ein richtiger Baum! – aus ein paar Quadratzentimetern Bodenfreiheit heraufgewachsen. Können Sie sich vorstellen, daß diese Pflanze im Volksglauben mit dem Teufel und anderen düsteren Mächten in Verbindung gebracht wurde? Wie bei anderen ent-

32

sprechenden Sträuchern hing dies wohl mit seinen Dornen zusammen. Dabei enthalten doch die auffallenden, leuchtend orangerot bis bleichgelben Früchte viel Vitamin C und werden häufig zu Marmelade und Getränken verarbeitet. Die Glyzinie neben dem Sanddorn verschlingt ihre Blätter mit denen des Nachbarn: ein Miniaturdickicht ist entstanden, in dem – erwähnten wir nicht eben schon „Getier"? – Amseln immer wieder ihr Nest bauen und wo, an dem kleinen Topfbrunnen einen Meter weiter, schon Libellen gesichtet wurden. Nebenbei, der Teufel sitzt ja auch manchmal im Detail: bei Vögeln ist der Glyziniennachbar ebenfalls wegen seiner Früchte beliebt. Nun können Sanddornbeeren, die schon länger am Ast hängen, bereits in Gärung übergehen, wobei Alkohol entsteht. Die Folge: völlig betrunkene Vögel im Umkreis (wir haben hier aber noch keine vorgefunden!).

Auf der anderen Straßenseite versucht eine noch nicht lange gesetzte kleine Hasel Boden zu fassen. Dies ist aber nicht die gewöhnliche Haselnuß – ein Strauch! -, sondern eine Baumhasel (Corylus colurna), ein stadtklimafester und damit auch zur Straßenbepflanzung geschätzter Baum. Sie wächst neben einem neugebauten Haus, dessen Garten alles dokumentiert, was lieblose Pflichtbemühungen um das Grüne Minimum – wenn wir das mal so sagen dürfen! – zuwegebringen: ordentlich gemähtes Gras, eine Hainbuchenhecke, und das war's auch schon. Vergleichen Sie die beiden Partien. Erwägen Sie, wie eine Stadt daherkommen könnte, die zu vielen solchen Aktivitäten wie denen der Laube ermunterte. Wo nicht die Pflicht mit Einstellungen wie „Aber da ist es doch grün! Was wollen Sie denn noch?!" verteidigt wird, sondern wo hinter jeder Ecke der nächste berückende Ort locken könnte ... und wo die verbleibenden Autos (wir wollen gar nicht extremistisch werden!) tatsächlich aufmerksam und durchaus etwas mühevoll zwischen dem Grün und dem Bunt hindurchmanövrieren müssen, geduldete Notwendigkeiten, aber doch oft Störenfriede im Leib der menschlichen Stadt – und sicher nicht die Regelgeber, wie es derzeit noch häufig der Fall ist. Zur Krummen Brücke hin versperrte in früheren Jahren ein versenkbarer Poller die Zufahrt für alle außer ein paar Anliegern. Heute ist er auf Dauer im Boden – ob den rathäuslichen Tiefgaragenbenutzern die Sperre, die zum Aussteigen zwang, ein Dorn im Auge war? Keiner des Sanddorns, gewiß, sondern einer des Innehalten-Müssens, des lästigen GebremstWerdens, des Augenblicks außerhalb der Planung.

Wieviel Zeit haben Sie heute, auf Ihrem Spaziergang? Haben Sie ihn sich irgendwo „zwischenreingedrückt"? Hoffentlich nicht, sonst soll Sie hier gleich ein eiliges Auto anhupen, daß Sie zur Seite hupfen müssen und sich der Traum im Alltagsalpträumchen verliert ...

Nehmen Sie den Blick auf „anderes Grün" in der Stadt mit: Es gibt in der Altstadt einige schöne Beispiele für begrünte Hausfassaden, zum Beispiel gegenüber der Stadtbücherei am Nonnenhaus. Gelegentlich finden sich auch Bäume in dieser Funktion. (Denken Sie dran bei der Jakobuskirche.) Diese Bepflanzungen bieten im Gegensatz zu den „nackten" Wänden eine ganze Reihe von Vorteilen: Schallschutz, Wärmedämmung, Schutz vor Verwitterung, Lebensraum für Tiere, Filterwirkung und – nicht zu vergessen: Fassadenbegrünung macht das Stadtbild attraktiver (☞ Abschnitt „Kompensationsmaßnahmen zur Bodenversiegelung" auf S. 112).

Weiter zum Hasengäßle (**10**):

Reißen wir uns los und gehen den stillen Abschnitt der Judengasse weiter: an seinem Ende – im sogenannten „Süßen Löchle" – stand bis zum April 99 ein ordentlicher Bergahorn, der vermutlich wild gewachsen war. Der Brand des großen Hauses, das die Gasse abschließt, machte auch ihm leider ein Ende. Es gelang bei den Löscharbeiten gottseidank zu verhindern, daß das Feuer auf die umliegenden Häuser übergriff. Noch immer, auch in heutiger Zeit, gehört dies zu den Alptraumsituationen einer Stadt wie Tübingen.

Erwägen Sie es hier, an diesem abgelegenen Ort: Überall um Sie herum ist Holz, Holz und noch einmal Holz. Hinter verputzten Fassaden verbirgt sich Fachwerk, dessen Füllung zumindest teilweise auch Stroh enthält. Jahrhundertealte Balken tragen die Stockwerke, die Dachstühle bestehen aus Holz, die Treppen ... und alles ist eng gebaut: dies ist in einiger Hinsicht noch immer eine hölzerne Stadt, und es ist keine zwanzig Jahre her, daß in Lissabon ein ganzes solches altes Stadtviertel Raub eines nicht mehr eng zu begrenzenden Brandes wurde[3].

Stein geworden ist also nur ein Teil der Wirklichkeit ... und dann geht es eng in den Durchlaß hinein, und Sie können bereits sehen, wie an der Balkonrückfront des Hauses zur Haaggasse hin eine herrliche Glyzinie vielfach gedreht emporgewachsen ist. Das Gartenkleinod davor wird von einer Mehlbeere (Sorbus aria) beherrscht – wie die wichtigsten Obstbäume, Weißdorne, Ebereschen und andere ein Rosengewächs. Ihr eigentümlicher Name stammt daher, daß in

---

[3] In Tübingen selbst müssen Sie etwas mehr als 200 Jahre bis zur letzten großen Brandkatastrophe zurückgehen: im September 1789 brannten im Gebiet östliche Hafengasse/Neue Straße 46 Häuser ab. Letztere Straße (Name!) entstand erst anschließend. Mehr dazu finden Sie in W. Setzlers Buch: Tübingen – Auf alten Wegen Neues entdecken, das 1997 im Verlag Schwäbisches Tagblatt erschienen ist.

früheren Notzeiten die Früchte des Baums getrocknet, mit Mehl vermischt und dann zu Brot verbacken wurden.

Hinterm Zaun des ganz und gar mit Wildem Wein bewachsenen Hauses gegenüber dem Garten im Hasengäßle finden sich einige weitere wahrhaft „tapfere Bäume" – und sie sind noch da! Bei dem größeren Exemplar handelt es sich um eine Esche. Erinnern Sie sich an die Exemplare am Kapitänsweg: so wachsen Eschen, nicht wahr? Aber das ist nur der „Größenblick"! Wir können die Natur durchaus „brutal" nennen, im Sinne von: sie setzt sich unter härtesten Bedingungen durch. Die tapferen Bäume werden zwar keine solchen Prachtexemplare, erreichen jedoch das fortpflanzungsfähige Alter, wenn sie nicht vorher gefällt werden. Diese Bäume stehen übrigens meist auf Privatgelände, die Stadtgärtnerei hat deshalb mit ihnen wenig zu tun. Dieser Hinweis mag Sie zur Frage führen, wie es eigentlich mit der Verfügungsgewalt über Bäume im Stadtgebiet insgesamt steht. Machen Sie sich doch ein paar eigene Gedanken dazu, ehe wir uns gleich am Haagtor diesem Thema ausführlicher widmen.

Bleiben wir aber zunächst bei jener tapferen Esche (Fraxinus excelsior): Normalerweise wird – gewiß bei eindrucksvolleren Exemplaren! – erwähnt, daß sie, der (nordischen) Mythologie zufolge, ein Lebensbaum ist. Aber dieser Ort hier eignet sich eigentlich noch besser, davon zu erzählen. Gewiß war die germanische Weltesche Yggdrasil von anderem Kaliber, doch die Bedeutung kam auch über den Wuchs der Esche zustande (mit bis zu 40 Metern Höhe gehört sie zu den höchsten Bäumen Europas): Die Wurzel ragt in die Unterwelt, der Wipfel strebt dem Himmel zu. Das gewinnt doch hier einen wahrhaft kleinräumig-unterstädtischen Akzent!

Hier in diesem Winkel mag überhaupt besser gelingen, sich für Momente in vergangene Zeiten zurückzuversetzen. Da Eschenholz hart, zäh und ausgesprochen elastisch ist, kommt jetzt vielleicht ein Soldat mit Armbrust oder Bogen, ein Stadtwächter mit Lanze oder Speer vorbei – und alle Waffen könnten aus dem Holz dieses Baumes gefertigt sein. Chiron, ein Kentaur der griechischen Sage, halb Mensch, halb Pferd, fertigte aus einer der heiligen Eschen des Berges Pelion in Thessalien den Speer, mit dem dann Achilles den Hektor vor Troja besiegte. Alter Heilkunde gemäß ist der Saft der Esche bei frischen Wunden und Schlangenbissen dienlich, Blätter und Samen werden in der Naturheilkunde bis heute gegen Rheuma und Gicht verwendet, während die Rinde lange als der Chinarinde gleichwertiges Fiebermittel galt. Endgültig zurück in die Gegenwart: Eisenbahnwaggons, Skier, Spazierstöcke, Sportgeräte ... in diesen Bereichen machte und macht die Esche in den letzten Jahrzehnten noch nutzenmäßig von sich reden.

Unten neben dem Club Voltaire, Haaggasse (11):

Ist Ihnen schon mal aufgefallen, daß dort „in der Ecke" ein recht beachtlicher Baum steht? Meistens kommt man hier ja auch erst abends hin, zugegeben! Es gibt einige solche „Baumecken" in der Stadt! Übrigens gehört dieser abseits stehende Baum zu den drei häufigsten Baumarten im Kernstadtbereich (ohne die Randwälder!): Das sind Spitzahorn mit cirka 11 %, Birke mit cirka 9 % und (Roß-)Kastanie mit cirka 8 %.

> (A9)   Was ist es für einer?

Noch ein paar Meter tiefer „in die Eingeweide" der Stadt hinein können Sie einen weiteren abgelegenen Baum betrachten, einen Spitzahorn. Man hat ihn einfach „schaffen" lassen: Die Zementplatte, unter der er sich hervorkämpfte, liegt noch immer schräg über dem gebogenen Stammansatz. Vergegenwärtigen Sie sich die Lichtbedingungen, unter denen Bäume wie dieser ausharren! An anderem Ort wäre er sicher bereits kräftiger gewachsen. Aber er behauptet sich hier.

Wenn Sie wollen, können Sie jetzt einen Schleichweg zum nächsten Ziel benutzen: beim Eingang zum Club Voltaire die paar Meter in die Hofecke hinein und dann nach rechts zwischen den Häusern hindurch! Es gibt Leute, die seit Jahrzehnten in Tübingen leben und diesen Durchgang nicht kennen.

Innenhof Neugäßle (12):

Betrachten Sie das Foto rechts. Auf der rechten Seite des Hofes ist (mit Mühe, zugegeben!) ein Baum zu erkennen, der sich dort, noch 1997, zwischen Hauswand und Pflaster regelrecht hervorgekämpft hatte, ein tapferer Bergahorn. Mittlerweile erging es ihm wie den Bäumchen oben an der Schloßsteige. Die Gründe lassen sich denken: die Wurzeln kamen mit Mauerwerk in Konflikt. Schauen Sie aber genau hin: Was dort aus dem Boden sprießt, ist Ahorngestrüpp. Der Baum hat nicht aufgegeben, er versucht es ein weiteres Mal! Beobachten Sie ihn – in den nächsten zehn, zwanzig Jahren!

36

Der Baum auf der linken Seite des Hofes ist eine Weißdornart, und zwar Lavalles Weißdorn (Crataegus x lavallei), ein winterharter, aber bei uns relativ seltener Baum. Die recht schmalen Blätter – ganz anders geformt als die des üblicheren eingriffeligen Weißdorns – werden auf den Herbst zu dunkelgrün und später dunkelrot. An der Ecke zur Haaggasse steht ein weiteres Bäumchen in einem großen Topf. Zumindest sieht es einen Moment lang aus wie so ein frostempfindlicher kleiner Exot, der im Winter mitsamt seinem Untergrund ins warme Haus darf. Tatsächlich ist das hier aber ein Flieder, und der steht auch im Winter da. Er gehört zu einer Reihe von „Topfpflanzen", die von der Stadt aufgestellt wurden.

Haagtor (**13**):

Oft fast unmerklich verändert sich die Stadt für die eiligen Alltagspassanten auf ihrem Weg hierhin und dorthin. „Du liebe Zeit, stand da nicht mal ein anderer Baum?" „Ja, aber die letzten Jahre war da gar keiner mehr!" So ungefähr kann's einem dann plötzlich mal passieren! Falls Sie in Tübingen wohnen und ab und zu am Haagtorplatz vorbeikommen, ist Ihnen sicherlich aufgefallen, daß die Sumpfeiche (Quercus palustris) am Brunnen noch gar nicht so lang dort steht. Der Baum wurde unter anderem deshalb ausgewählt, weil er eine ausladende Krone bildet und hier genügend Platz dafür ist. Außerdem benötigt er feuchten Grund. Im Herbst wird Ihnen die schöne rote Färbung der Blätter einen weiteren Grund zeigen. Vorher stand hier, den Platzanspruch der Krone betreffend, das Gegenteil, nämlich eine Pyramiden-Pappel (Populus nigra italica). Sie wurde 1994 in das Buch „Der merk-würdige Baum" aufgenommen und hat dadurch sicherlich einen höheren Bekanntheitsgrad erlangt als andere Bäume. Dieser Baum stand seit 1840 am Haagtor, mehr als einhundertfünfzig Jahre lang. 1996 wurde er wegen Innenfäulnis abgesägt. Daraufhin erhielt die Stadtgärtnerei Anrufe verärgerter Bürger etwa in der Art: „Wie können Sie diesen schönen Baum fällen?"

Dieses Beispiel zeigt zweierlei. Einige Bürger (wie viele?) sind sich sehr wohl darüber bewußt, daß Bäume in der Stadt wachsen – und reagieren auf ihr Verschwinden. Andererseits werden notwendige Diskussionen (wie hier um eine Fällung) oft ohne ausreichende Sachkenntnis geführt. Aus der Unwissenheit oder dem Halbwissen erwächst dann häufig eine Emotionalität, die sich gar nicht mehr informieren will und nur noch „den Gegner mal wieder erwischt und ertappt hat!". Das kann natürlich genausogut andersherum laufen: Nicht selten sind es auch die Verwaltungsapparate, die wider einige Vernunft stutzen und beseitigen, wo es auch ganz anders ginge.

Schauen wir uns diese Problematik etwas genauer an. Es gibt eine alte städtische Diskussion dazu, die sich um die Einführung einer sogenannten „Baumschutzverordnung" (BSV) dreht. Eine solche BSV regelt genau den Umgang mit städtischen Bäumen, auch und gerade den privaten. Ihr Zweck ist im Namen enthalten, und in vielen Städten gibt es eine solche Schutzverordnung, zum Teil seit mehr als 20 Jahren (zum Beispiel Saarbrücken seit 1983, Bad Wörishofen seit 1978). Die Haltungen dazu können gleichwohl sehr verschieden sein:

Während etwa die Stadt Würzburg „zur Pflege des Stadt- und Landschaftsbildes, zur Klimaverbesserung und zur Lärmminderung" ein klares Schutzregelwerk besitzt und Verstöße mit bis zu 50000 DM ahndet, gibt es in Tübingen keine BSV. „Das ist gut so", meint der Chef der Stadtgärtnerei. Er begründet diese Haltung so: Bäume in der Stadt seien immer ein Kompromiß zwischen dem Baumschutz, dem Personen- und Sachschutz und schließlich den damit verbundenen Kosten. Ohne BSV dürfen Grundstücksbesitzer Bäume fällen und pflanzen, wie sie das wollen.

Da eine BSV aber nicht von heute auf morgen in Kraft gesetzt würde, sondern erst mit der Absicht, bestimmte Bäume unter Schutz zu stellen, angekündigt werden müßte, entstünde folgende Situation: Baumbesitzer fällen „schutzverdächtige" Bäume vor Inkrafttreten einer BSV, da sie danach eventuell keine Verfügungsgewalt über ihren Baumbestand haben könnten. Eine BSV enge die Bürger zudem in ihrer Baumauswahl ein. Ihre Einführung hätte nicht zuletzt zur Folge, daß Schutzmaßnahmen häufiger vorkämen. Da in diesem Fall pro Baum in der Regel über 1000 DM veranschlagt werden müssen, würden schutzwürdige Bäume vor allem auf Privatgrundstücken vor Inkrafttreten der BSV gefällt oder gar nicht erst gepflanzt.

Letztendlich fühlten sich die Bürger reglementiert. Und umgekehrt: Die Stadtgärtnerei betreut zur Zeit etwa 30000 Bäume. Eine BSV würde ihr zusätzlich die Verantwortung für die derzeit privaten Bäume auferlegen. Das hätte zur Folge, daß sich die Zahl der zu pflegenden Bäume etwa verdoppeln würde

– beim derzeitigen Personalstand der Stadtgärtnerei absolut nicht realisierbar! Diese Überlegungen sind nachvollziehbar. Auch der Wunsch, den Bürgern nicht noch mehr Reglementierungen zuzumuten, ist ehrenwert. Aber natürlich läßt sich ebenso etwas anders an die Sache herangehen: Fand beispielsweise tatsächlich in all den Orten, die heute eine BSV besitzen, vor deren Einführung erst einmal ein kollektives Verzweiflungs-Sägen in den privaten Grünanlagen der ganzen Gemeinde statt? Das ist nicht sehr wahrscheinlich. Dann stellt sich aber die Frage, warum ausgerechnet beim Thema Bäume derart vor Reglementierung gewarnt wird. Ist die Stadt da nicht sogar beim Autoverkehr weit bestimmungsfreudiger?

Zuzugestehen ist der städtischen Haltung immerhin, daß vor cirka 20 Jahren die Vorlage einer BSV für Tübingen sogar schon auf der Tagesordnung des Gemeinderats stand. Zwei Tage vor der Sitzung wurde dann der Park einer früheren Fabrikantenvilla in der Südstadt – dort, wo heute der Handelshof steht – abgeholzt. Die BSV war danach zu diesem Zeitpunkt unten durch und erledigt. Aber soll dieses Beispiel für alle Zeit als Abschreckung dienen? Das wäre etwas lächerlich.

Davon abgesehen verlieren die Bürger keineswegs sämtliche Verfügungsgewalt über Neupflanzungen: Tatsache ist nämlich, daß keine der uns bekannten Baumschutzverordnungen auf viele unserer „tapferen Bäume" anwendbar wäre. Frühestens ab einem Stammumfang von 50 Zentimetern, teils auch erst ab 100 Zentimetern greifen die Regelungen. ‚Die Kleinen beißt die Säge', läßt sich da in Abwandlung des Sprichworts vom Hundebiß sagen. Anders betrachtet heißt das aber, daß bei Neupflanzungen durchaus auch im Rahmen einer BSV noch privat entschieden werden könnte, ob jenes Bäumchen sich ganz und gar ungünstig für den Lichteinfall in Fenster und so fort entwickelte ...

Die Kosten sind ebenfalls ein relativer Faktor. Isoliert betrachtet dürfte sich eine personell knapp besetzte Stadtgärtnerei zu Recht von der Aussicht auf massiv gesteigerte Pflegemaßnahmen überfordert fühlen. Aber wie so oft sollten nicht nur lokale und kurzfristige, sondern ebenso weitergehende und langfristige Kosten zusammen betrachtet und erwogen werden: Wir haben weiter vorne die Bedeutung von Bäumen in der Stadt dargestellt: In Mark und Pfennig sind diese Werte schwieriger einzuschätzen, geschweige denn einzuplanen (und in Euro wird das nicht anders sein!). Aber das ändert ja nichts am Wert der Bäume! In ihrer Langlebigkeit entziehen sie sich schlicht dem Diktat puren Ertragsdenkens und nur kurzfristig rechnender Ökonomie.

Nüchterne Konsequenzen sind gleichwohl vonnöten: Im Zuge einer einzuführenden BSV wären natürlich die Kapazitäten der Stadtgärtnerei zu vergrößern und insgesamt Mittel (nicht zuletzt für Überzeugungsarbeit) bereitzustellen, um die Umsetzung eben nicht zu einer aufgezwungenen, nur als lästig empfundenen Maßnahme werden zu lassen, sondern für alle Betroffenen zu einem Hilfsmittel gegen Auswüchse und Fehlentwicklungen, die leider nicht so selten vorkommen. Jedenfalls würde vieles öffentlicher werden und rechtzeitig diskutiert werden können. Und eine BSV hätte, läßt sich ergänzen, ebenso Auswirkungen auf die Aktivitäten der Stadtgärtner selbst und nicht nur auf die privaten Baumbesitzer. Auch bei der Haagtorpappel gab es nämlich durchaus andere Auffassungen bezüglich ihres Krankheitszustandes. Siegfried Lelke und Dr. Klaus Dobat, die Autoren des „merk-würdigen Baumes", etwa sind der Meinung, daß die „verbliebenen zwei Zentimeter Wandstärke" jenes Baumes als Fällargument nicht ausreichten. Pappeln neigen grundsätzlich dazu, Hohlräume zu entwickeln, und es sei unklar, wie ausgeprägt sie bei jenem Baum wirklich waren. Möglicherweise hätte man die Pappel auf die Hälfte ihrer Größe zurückstutzen können, um dann vorhandenen Seitenästen die Möglichkeit zu geben, eine neue stabile Krone zu entwickeln. Es gibt, etwa in Hohenheim, eindrückliche Beispiele für diese Technik. Die Haagtorpappel hätte damit unter Umständen noch Jahrzehnte weiteren Daseins vor sich gehabt.

Ein weiteres Beispiel, wo der Anschein in eine ähnlich zwiespältige Richtung wie am Haagtor ging, sind die geköpften Roßkastanien am Anlagensee. Sie waren einst Bestandteil einer Allee, die 1960 durch den Straßen- und Wegebau am Europaplatz und um den Anlagensee aufgegeben wurde. Durch das Anlegen der geteerten Wege wurden die Wurzeln einiger Kastanien beschädigt. Deshalb wurden diese Bäume nach einer Empfehlung des damaligen (ehrenamtlichen) Umweltbeauftragten gekappt. Die nach einer solchen Maßnahme ausschlagenden schlafenden Augen sind nicht mit dem Bauminneren verbunden und relativ unstabil. Nach einigen Jahren können sie durch von innen angreifende Pilze fäulnis- und abbruchgefährdet sein. Das war 1997 der Fall. Die Bäume mußten erneut gekappt werden. So manche BürgerInnen dürften in Unkenntnis dieser Hintergründe schockiert über die Entwicklung und die daraus folgenden Maßnahmen sein. Aber die Stadt war nicht ganz unschuldig an diesen Reaktionen.

Wir wollen es Ihnen deshalb hier ans Herz legen: Seien Sie aufmerksam ihrer Umgebung gegenüber. Fragen Sie nach. Lassen Sie nicht locker! – Und vermeiden Sie vorschnelle Schlußfolgerungen. Dann beginnen Auseinandersetzungen erst interessant und kreativ zu werden. An die Verwaltungen gerichtet ist unsere Schlußfolgerung, daß mehr Transparenz städtischer Begrünungsmaßnahmen manches Mißverständnis verhindern könnte. Mehr Nachfrage bei

Fachleuten vor der Fällentscheidung, mehr Medienpräsenz vor dem Anwerfen der Motorsäge wäre ideal. Wir hören wohl schon wieder den Aufschrei in der Stadtverwaltung: „Wer soll das alles machen?" Wir sagen dazu nur: Im ungeschickteren Fall muß doch auch jemand danach den Scherbenhaufen bearbeiten – und muß dafür bezahlt werden, oder?

Daß es auch anders geht, zeigte inzwischen das absehbare völlige Ende der Kastanienallee am Anlagensee: Bis zum Winter 1999/2000 werden sämtliche Kastanien gefällt sein: die Innenfäule der Bäume ist zu weit fortgeschritten. Dieser Prozeß wurde jedoch bereits im Frühjahr ausführlich in Zeitungsartikeln dargestellt – und in der Folge auch diskutiert.

Ehe aber die Diskussion um eine Baumschutzverordnung in Tübingen hoffentlich wieder in Gang kommt, läßt sich noch an einem weiteren Punkt ansetzen: Es finden sich zahlreiche Beispiele, wo bei Bauvorhaben eine Interessenabwägung, gegebenenfalls geeignete Schutzmaßnahmen für gefährdete Bäume beziehungsweise immerhin Ersatzverpflichtungen überhaupt nicht zur Debatte standen. Es kann da sogar vorkommen, daß BürgerInnen, die bei einem Hausbau um benachbarte Bäume besorgt sind, von seiten der Stadt geraten wird, diese zu bewachen, damit nicht „versehentlich" ein irreparabler Schaden angerichtet würde. So geschehen vor Jahren in der Pfizerstraße, zu der wir etwas später kommen werden (☞ S. 52).

Andreas Feldtkeller, der ehemalige Stadtsanierer der Stadt, vertritt daher die Auffassung, noch wichtiger als eine umfassende BSV sei eine strikte Kontrolle über den Umgang mit Bäumen bei Bauvorhaben und an Baustellen. Hier müßten Strafandrohungen von vornherein in die Baugesuche einbezogen sein, die nicht mehr – wie derzeit – höchstens als läppisch abgetan werden könnten. Beziehungsweise ist eigentlich noch genau einen Schritt früher anzusetzen: Bestehende Baumstandorte müssen bei Bauplanungen von vornherein stärkeres Gewicht erhalten. Wenn das Bauwerk gar nicht erst so nahe an den Baum heranrücken darf, wenn also nicht Ertragsinteresse an allen vermeintlich „freien" Quadratmetern meist stärker als der Platzbedarf dieser stummen Lebewesen nebenan sein dürfte, wäre zumindest einiges gewonnen.

Kehren wir allmählich zurück zu den Bäumen selbst: Wissen Sie eigentlich, worum es sich bei den eben erwähnten „schlafenden Augen" der Anlagen-Kastanien handelt? Das sind verkümmerte oder im Entwicklungsstadium stehengebliebene Knospen, die im Frühjahr nicht austreiben und nur dann weiterwachsen, wenn an günstigeren Stellen nichts mehr geht – zum Beispiel nach Absägen der Krone!

Ansonsten befinden wir uns immer noch am Haagtorplatz: Die vier Bäume entlang der Häuserfront zum Schloßberg hin sind Götterbäume, deutlich ansehnlichere Exemplare nunmehr als an der Burgsteige. Mehr über diese Wesen erfahren Sie aber erst in der Hirschgasse (☞ S. 70). Vorerst können Sie weiter über sie rätseln. Ist dieser Baum häufig in Deutschland? Woher stammt wohl sein Name?

Gepflanzt wurde die Baumreihe – wie auch einiges andere hier -, als der Haagtorplatz 1993/94 komplett umgestaltet wurde. Wer erinnert sich hier noch an das alte Aussehen? Wer weiß, daß an diesem Platz noch bis 1963 die Schweickhardtsche Mühle stand, die letzte einer stolzen Reihe von Mühlenbetrieben, die den Ammerkanal zur Energiegewinnung nützten? Dieser kam durch die Neugestaltung des Platzes an dieser Stelle wieder ans Tageslicht, ein paar alte Reste der Mühlenmauern wurden in das neugeschaffene Bachbett eingebunden. Seither sprudelt das Wasser über die Steine wie ein kleiner Gebirgsbach, zumindest nachts ist das ein Ohrenschmaus. Die Umgestaltung des Haagtors beließ allerdings weitgehend die Parkplätze. In unmittelbarer Nachbarschaft zu den blechernen Transportmitteln führt das zu einer fast schon skurrilen Freiluftcafé-Situation.

Zwinger (**14**)

Auf der anderen Seite des Haagtorplatzes, über den Ammerkanal hinüber, führt ein Gittertor in den zum Kinderspielgelände umgewidmeten Zwinger. Sie können sich hier den eindrucksvollen Resten der Stadtmauer widmen, die als Rückfront der anschließenden Häuser dienen, aber auch die Stadtnatur dieses idyllischen kleinen Parks genießen. Neben einigen interessanten Bäumen finden sich zahlreiche Sträucher, die wir jedoch wie üblich von unserer Beschreibung ausnehmen. Auffällig ist die Zahl der Wildfrüchte tragenden Bäume in diesem Areal, so daß Sie sich zur rechten Zeit nicht über eigentümliches Obst sammelnde Kinder in manchen Bäumen wundern sollten.

Es geht bereits vor dem Zwingereingang los: noch außerhalb stehen mehrere kleine, eher unscheinbare Bäume, deren apfelförmige Früchte im Spätsommer reif sind. Falls Sie meinen, dies könnten Exemplare des bei uns so selten gewordenen Speierlings sein, dann beißen Sie doch mal in eine der Früchte. Keine Bange, dies wird nicht das Ende Ihrer Tour werden! Am Geschmack werden Sie den Speierling mit Sicherheit ausschließen, denn dessen Früchte sind viel bitterer. Außerdem gehört der Speierling zu einer anderen Gattung (Sorbus) und ist leicht an den eberescheähnlich gefiederten Blättern vom Apfelbaum (Malus) zu unterscheiden. Näheres dazu finden Sie beim Kleinen Ämmerle (☞ S. 55). Die Bäumchen hier sind Zieräpfel. Es gibt unzählige Bastarde und Zierformen dieser Obstsorte. Sie haben größere Früchte als die Wildäpfel, die oft nur ein bis zwei Zentimeter groß werden.

Wenden Sie sich nach dem Eingang gleich nach links. Jenseits der langen Bank aus einem einzigen Stamm stehen im Hintergrundsdunkel vier Stämme, von denen drei im Lauf der Zeit einen Stammknick ausgebildet haben, um besser ans Licht zu kommen: eine Hainbuchengruppe (mehr zu dieser Baumart am Affenfelsen ☞ S. 94). Ihre buchenähnlichen ovalen Blätter sind gezähnt und haben meist ausgeprägtere Blattadern als die der Buche.

Daneben, im Winkel des Parks, schließt sich eine schöne Kopfweide an. Damit ist nicht eine bestimmte Art der Weiden gemeint, sondern die Form ihrer Zurichtung. Betrachten Sie die verwendete Technik: Der Baum wurde nicht etwa direkt am Boden gefällt, sondern ungefähr in Kopfhöhe abgesägt. Weiden besitzen eine hohe Austriebsfähigkeit. Aus den Ruten, jährlich geschnitten, werden bis heute zum Beispiel Körbe geflochten. (Mehr zu Weiden finden Sie auf S. 91) Die Schnittweise erinnert im übrigen an eine Waldnutzungsform der Vergangenheit: In vielen Gegenden gab es Waldstücke, die vor allem dem Brennholzbedarf der Bevölkerung dienten. Alle zehn bis dreißig Jahre schnitt man dort die Bäume in ähnlicher Weise zurück: Was dann wieder austrieb und hochwuchs, waren bis zur nächsten „Ernte" Äste, die genügend dünn waren, um sie leicht als Feuerholz verwenden zu können. Man nennt einen solchen Wald *Niederwald*. Beide Nutzungsformen, jener „Feuerwald" und die Kopfweiden, sind heute kaum noch zu finden. Vor allem die früher an jedem Dorfbach stehenden Weiden sind damit als wertvolle Vogelnistplätze verlorengegangen.

Bei dem folgenden Gehölz, eher ein Strauch als ein Baum, fallen an den spitz zulaufenden Blättern die deutlich hervortretenden Haupt- und Seitenadern auf. Wir haben den nächsten Wildfruchtbaum erreicht, eine Kornelkirsche (Cornus mas). Mit den Kulturkirschen ist sie nicht verwandt, jedoch mit dem Hartriegel. Die Unterscheidung zwischen beiden ist nicht ganz einfach, aber auf den Blättern des Hartriegels sind die Blattäderchen zweiter Ordnung (die also von den Hauptadern abgehen) gut zu erkennen, bei der Kornelkirsche nicht. Vermutlich erklärt sich ihr Name aus den glänzend roten Früchten, die allerdings länglicher als gewöhnliche Kirschen (und größer als die kugeligen kleinen Früchte des Hartriegels) sind. Reicher an Vitamin C als Zitrusfrüchte schmecken sie aromatisch und können roh gegessen oder zu Marmeladen, Saft und so weiter verarbeitet werden. Sind die Früchte im Juli noch nicht reif? Probieren Sie es ein paar Meter weiter: dort steht eine dreistämmige Traubenkirsche (Prunus padus). Die in Trauben zusammenstehenden Früchte (daher der

Name) werden von Juli bis August glänzend schwarz, schmecken bitter-süß und lassen sich zu Saft oder Kompotts verarbeiten, am besten allerdings zusammen mit anderen Wildfrüchten. Am rötlichen Stiel der unauffälligen ovalen Blätter finden sich zwei bis drei grünliche Nektardrüsen.

Ein Stück weiter steht noch eine ordentliche Hainbuche. Schmächtig dagegen kommt auf der Mauerseite ein Flieder daher: Dort wo die Stadtmauer zum ersten Mal abbricht, behauptet er sich im Hofwinkel und hat zudem fast über sich die erste der beiden großen Eschen, die den ganzen Zwinger beherrschen. Wiederum gegenüber bei den kleinen Gärtchen jenseits der Wasserspielanlage finden Sie eine deutlich kleinere Esche. Sie können hier die Rinden vergleichen: während die des jüngeren Exemplars noch ziemlich glatt-grau ist, haben die älteren Exemplare eine sehr rauhe vielrissige Borke ausgebildet, was typisch für Eschen ist.

Neben der Hainbuche von eben steht noch ein weiterer Zierapfel. Unmittelbar bei den Wasserspielen findet sich der erste von drei weiteren Neulingen. Die anderen beiden stehen bald darauf direkt am Weg. Es handelt sich um Birnbäume. Auffallend ist darüber hinaus ein Baum, der auf den ersten Blick wie ein ausgedehntes grau-grünes Gesträuch daherkommt: eine Lavendelweide (Salix eleagnos). Tatsächlich kommen viele Weiden als Sträucher daher, aber diese besitzt einen ausgeprägten „Baumstamm". Seltsam, wie sie ganz und gar bodennah wächst. Gefällt es ihr, möglicherweise als Kinderversteck dienen zu können?

Bei der Rutsche folgen wieder drei Hainbuchen. Interessanter aber sind vermutlich die folgenden Bäumchen am Weg und beim Parkausgang: Es handelt sich um eine Felsenbirnen-Art (Amelanchier). Ihre kleinen apfelartigen Früchte werden bis August blau-schwarz und sind sehr süß und aromatisch. Abgesehen vom Sofortgenuß lassen auch sie sich für Marmelade und Kompotts nutzen. Die gewöhnliche Felsenbirne wächst – wie der Name besagt – vor allem in Felsgebüschen und an Abhängen. Einige ihrer exotischen Art-Verwandten werden jedoch als Ziergehölze angepflanzt.

Wir kommen (etwas mißtrauisch dem ungewohnten Beerengeschmack nachkostend?) zu den Laubenbänken am Ende des Zwingers. Setzen Sie sich. Schauen Sie nach oben. Erkennen Sie im großen Haselstrauch über sich einige weitere Früchte? Sie müssen sich dann sowieso mindestens umdrehen: Direkt im Zaun wächst eine schlanke kleine Esche mit noch schöner glatter Rinde empor. Weiter drinnen im sich anschließenden, hübsch verwilderten Garten erhebt sich jedoch eine wesentlich größere Eberesche (Sorbus aucuparia) mit ihren ähnlich gefiederten, jedoch viel kleineren Blättchen.

Früher hieß die Eberesche „Aber-esche", und das bedeutete „falsche Esche". Beide Baumarten sind nämlich nicht mit-einander verwandt: die Eberesche gehört zu den Rosengewächsen. Im Winter sind die hellen Querbänder an ihrem Stamm ein gutes Unterscheidungsmerkmal zur Esche. Tatsächlich sind auch die Eber-eschen-Früchte eßbar, jedoch nicht in ro-

Extra-Aufgabe:
Haben Sie eine gute Idee, weshalb die Eberesche auch Vogelbeere heißt? Gewiß, sicherlich fressen Vögel gerne ihre Früchte, aber die Eberesche ist ja keineswegs der einzige Futterbaum.
Die Antwort auf diese Frage finden Sie ausnahmsweise nicht im Lösungsteil, son-dern beim Kleinen Ämmerle (☞ S. 55).

hem Zustand. Ein leicht giftiger Inhaltsstoff, die Parasorbinsäure, wird beim Er-hitzen zerstört, so daß sich die ausgesprochen Vitamin C-reichen Früchte (mehr als bei der Zitrone!) dann gut für die Zubereitung von Marmeladen, Kompott und Fruchtsäften eignen. Ein weiterer Inhaltsstoff, das Zuckeraustauschmittel Sorbit, erhielt übrigens seinen Namen von der wissenschaftlichen Gattungsbe-zeichnung der Eberesche (mehr zu diesem Baum auf S. 55).

Wenn Sie nun den Zwinger verlassen, können Sie jenseits des Gartenzauns zahlreiche Eschensprößlinge erkennen: gerade mal ein paar lange dünne Zweige, die irgendwo aus dem Boden sprießen, schwerlich schon als Baum verdächtig. Die schwarzen Knospen in den Zweigwinkeln, ein Bestimmungsmerkmal der Esche, sind an ihnen jedoch deutlich zu sehen. Verfolgen Sie, wie lange sich die-ser freche Waldemporkömmling hier behaupten darf. Natürlich hat er auf Dauer zu wenig Platz. Außerdem finden sich in Zaunnähe mehrere ähnlich kleine Feldahorne (die mehrlappigen Ahornblätter!), wie die Eschensprößlinge kaum mehr als einzelne Triebe aus dem Boden. Angesichts der Eignung des Feldahorns zum Heckenschnitt könnten die Exemplare hier vielleicht einmal zum lebenden Zaunersatz herangezogen werden. Mit gestutzter Krone, jedoch kampflustig austreibend, steht unmittelbar am Ausgang auch ein weiterer Birn-baum.

Schleifmühleweg (**15**):

Machen Sie vom Haagtor aus noch einen Schlenker: Ungefähr hundertfünfzig Meter weiter steht einer der schönsten Straßenbäume Tübingens, eine mächti-ge (Roß-)Kastanie (Aesculus hippocastanum). Sie überragt fast den ganzen Schleifmühleweg und bewirft im Herbst natürlich Autos und Fußgänger mit ihren Früchten. Tatsächlich hat dieses „Problem" Auswirkungen auf die Neuan-pflanzungen von Bäumen in Städten. Vornehmlich werden nämlich inzwischen Baumarten gewählt, die – speziell gezüchtet – keine Früchte mehr tragen. Wei-tere Gründe für dieses Verfahren lassen sich denken: Wird zum Beispiel die

Straßenreinigung auf diese Weise entlastet? Die logische Folge jedenfalls: Neue Kastanien im Stadtgebiet werden derzeit keine mehr gepflanzt!

Bei der Pflanzung eines Straßenbaums sind darüberhinaus besondere Überlegungen maßgebend. Geachtet wird zum Beispiel auf seine Form: Sie sollte aus statischen Gründen eher pyramidenförmig sein. Verdeckt der Baum (irgendwann) Häuser? Reicht seine Höhe aus, daß LKWs unter ihm durchkommen? (In der Derendinger Straße im Süden der Stadt können Sie zum Beispiel entsprechende Anfahrschäden vorfinden. Die Schleifmühlewegkastanie steht dagegen über diesen Dingen!) Geeignete Bäume werden schon in der Baumschule entsprechend getrimmt. Eine Prüfung der bestehenden Bäume auf Verkehrssicherheit findet jährlich statt. Wenn ein Privatbaum zu weit in die Straße ragt oder umfallgefährdet ist, muß der Baumbesitzer für die jeweilige Maßnahme (zum Beispiel das Zurückschneiden) aufkommen.

Zurück zu unserem Baum, dessen Art eine recht ungewöhnliche Geschichte hat: Die Roßkastanie wurde durch die letzte Eiszeit aus Mitteleuropa verdrängt und hielt sich nur in einem verhältnismäßig kleinen Gebiet in Albanien und Griechenland. Erst ungefähr um das Jahr 1600 wurde sie wieder bei uns eingeführt. Da die schweren Samen weder durch Tiere noch durch den Wind leicht transportiert werden, konnte die Kastanie über ihr ursprüngliches Verbreitungsgebiet hinaus nur mit Hilfe des Menschen gelangen.

Beliebt ist die Roßkastanie, weil sie so gut als Schattenspender in Biergärten taugt, aber in erster Linie doch wegen ihrer Früchte. Auch heute noch legen Kinder ihre Tamagotchis weg (Sage keiner, das sei eine Illusion!), um aus den gesammelten Kastanien kleine Puppen anzufertigen, damit zu werfen oder sie für allerlei Tauschgeschäfte zu verwenden. Von Schweinen, Hirschen und anderen Tieren werden Kastanien gern gefressen. Schließlich werden Kastanien auch für die Zubereitung von Brechmitteln verwendet. Und ständig eine Kastanie bei sich zu tragen, soll ein gutes Mittel gegen Rheuma sein. (Wofür wir aber keinerlei Garantie übernehmen können!)

Für Vögel ist die Kastanie ein recht beliebter Baum. Die rauhe, schuppige Rinde beherbergt viele Larven, Käfer und Spinnentiere. Auf den klebrigen Knospen fangen sich häufig Insekten. Voilà, ein reiches Nahrungsangebot für Spechte, Baumläufer und Kleiber. Die großen Knospen werden besonders vom Dompfaff geschätzt. Die Bienen verwenden die klebrige Masse auf den Knospen, um ihre Waben zu festigen.

Sie werden es noch ein paar Mal erleben, daß wir uns von der faszinierenden Vielfalt der Aspekte eines Baums dorthin fortreißen lassen, wo wir eigentlich Wald um unseren Baum sehen sollten – und nicht hier die Gebäude des

Schleifmühlewegs (dies, falls beispielsweise ein Specht, der diese Zeilen liest, bitter auflacht über das Ansinnen, an diesem Ort ... so schön der Baum ja sonst sei ...). Ja, gewiß, aber warten Sie doch noch ein paar spätere Bemerkungen zu diesem Thema ab! Hinsichtlich der Roßkastanie kommen wir abschließend nicht um ein Gedicht von Karl-Heinz Waggerl herum:

Roßkastanie
Wie trägt sie bloß
ihr hartes Los?

in Straßenhitze und Gestank?
Und niemals Urlaub, niemals Dank!

Bedenk, Gott prüft sie ja nicht nur,
er gab ihr auch die Roßnatur.

Nebenbei, die Lebensmittel wachsen, hier und da, noch mitten in der Stadt: Schräg gegenüber der Kastanie auf der anderen Seite der Rappstraße steht in einem Garten ein schöner, ganz und gar gewöhnlicher Zwetschgenbaum. Einige Anwesen weiter diese Straße entlang findet sich ein ganzer kleiner Obstgarten. Vor ihm stehend können Sie zunächst ganz hinten eine große Esche erkennen, links vorne einen (Klar-)Apfelbaum, rechtschaffen alt, aber immer noch kräftig tragend. Rechter Hand steht eine kleinere Birne. Weiter nach hinten ein Baumflieder und davor ein ungefähr anderthalb Meter hoher Baumstumpf, aus dem wieder Ruten sprießen: das ist eine weitere Kopfweide, die wegen ihrer Größe zurückgestutzt wurde. Uns erscheint dies im Angesicht der hohen Baumdichte an diesem Standort als ein bedachter Kompromiß.

Mauerstraße (16):
Hier steht ein seit 1986 als Naturdenkmal eingetragener Eschenahorn (Acer negundo). Diese Baumart wurde im 17. Jahrhundert aus Nordamerika nach Europa eingeführt. Es handelt sich um eine zweihäusige Art, d.h. es gibt weibliche und männliche Exemplare (dieses hier ist ein männliches!) – eine Eigenschaft, die gar nicht so viele Baumarten besitzen (die meisten tragen männliche und weibliche Eigenschaften auf ein und demselben Exemplar!). Erinnern Sie sich unserer Bemerkungen über Ahorne insgesamt (☞ S. 26). Das hier ist so ein Sirupproduzent.

Direkt neben dem Eschenahorn (eigentlich eher unter ihm lauernd) wächst eine Eibe (Taxus baccata). Typischerweise ist dieser Nadelbaum mehrstämmig und in der Stadt meist gedrungen, nicht sehr hoch gewachsen, als scheue er ein wenig die Aufmerksamkeit der Passanten. Diese sehr vermenschlichende Assoziation findet immerhin weitere Begründungen: Alle Teile dieses Baumes sind giftig – bis auf denjenigen, der am giftigsten aussieht: das ist die Fruchthülle, der leuchtend rote, fleischige Samenmantel. Dieser umgibt allerdings wieder giftige Samen. Die Eibennadeln sind sehr giftig für Nutzvieh und Mensch, nicht aber für Wildtiere! Das Holz ist enorm widerstandsfähig, so daß selbst hohle Stämme ein mächtiges Astwerk tragen können.

Das Holz, dauerhafter und elastischer als Eiche, wurde beispielsweise bei der Herstellung von Messern, Kämmen und Armbrust-Bögen genutzt. Außerdem war es gesuchtes Baumaterial. Eigentümlich ist, daß diese Baumart sehr alt – bis zu 2000 Jahre – aber nur etwa 15 bis 18 Meter hoch wird. Zudem wächst sie sehr langsam, wodurch sie auch Gefahr läuft, von Nachbarbäumen des Lichtes beraubt zu werden. Andererseits ist sie ein ziemlich hartnäckiges Lebewesen, das sich auch unter wenig günstigen Bedingungen behauptet. In früheren Jahrhunderten wurde die Eibe jedoch hemmungslos als Nutzholz geschlagen und wegen ihrer Giftigkeit von Wegen verbannt. Deshalb – und wegen des langsamen Wachstums – ist sie in unseren Wäldern ziemlich selten geworden. Sämtliche zusammenhängenden Eibenbestände stehen heute unter Naturschutz.

Belthlestraße (17):

Im Rahmen der Straßensanierung 1997 wurde hier eine Reihe Mehlbeeren gepflanzt. Die geringe Fläche an offenem Boden um die Bäume hängt mit einer starken Autolobby zusammen. Vor der Pflanzung wurden die Anwohner befragt, was für Bäume sie haben wollten. Nachdem so viele Baumarten gewünscht wurden, wie es Anwohner gibt und eine schnelle Einigung nicht in Aussicht stand, wählte die Stadtgärtnerei die Mehlbeeren selbst aus. Es handelt sich hier übrigens nicht um die gewöhnliche, sondern um die Schwedische Mehlbeere (Sorbus intermedia), einen häufigen Park- und Straßenbaum. Ihre Blätter sind viel tiefer eingeschnitten – fast könnte man sagen: bereits auf dem Weg zum gefiederten Blatt der verwandten Eberesche. So erklärt sich auch der lateinische Name dieser Mehlbeeren-Art.

In nördlicher Richtung stoßen Sie auf dieser Straße unter anderem auf zwei Flieder, von denen einer einen ordentlichen kleinen Baum abgibt, und kurz vor dem Gebäude der ehemaligen Silcher-Schule steht ein Exot mit mehreren in die Breite gehenden Hauptästen: eine japanische Zierkirsche. Wenn Sie jedoch die Mauerstraße weitergehen, können Sie kurz vor der Einmündung in die Seelhausgasse links einen Feldahorn betrachten, der – bei genauerem Hinsehen – auffällig zurechtgestutzt wurde: immer wieder entspringen an den Schnittstellen sternförmig neue Ästchen. Hinter ihm eine kleine Kirsche und ganz hinten an der Hauswand eine Zwetschge.

Seelhausgasse (**18**):

Diese einigermaßen unauffällige Straße in der Unterstadt zeichnet sich durch architektonische Besonderheiten sicher nicht aus. Aber dafür ist es erstaunlich, was auf den zweiten (Baum-)Blick zu entdecken ist. An der Ecke zur Jakobsgasse steht wieder eine Baumhasel. Wo die Mauerstraße einmündet, treffen Sie auf einen besonders außergewöhnlichen Baum, einen Ginkgo (Ginkgo biloba). Betrachten Sie seine Blätter. Sind es überhaupt Blätter? Sehen sie nicht eher wie Nadelhände aus, denen, wie einem Wassermann, Häutchen zwischen den Fingern gewachsen sind?

Tatsächlich ist der Ginkgo weder genau das eine noch das andere, weder Laub- noch Nadelbaum. Er ist übriggeblieben aus der Zeit, als sich diese Trennung zwischen den Baumformen erst vollzog. Entwickelt haben sich die Ginkgos vor cirka 245 bis 286 Millionen Jahren. Während der folgenden 200 Millionen Jahre (dem Erdmittelalter) waren sie zusammen mit den Nadelhölzern sowie den Cicaden (Palmfarnen) und Cicadecaeen die beherrschenden Baumformen. Letztere sind ausgestorben. Von den Cicaden gibt es noch wenige tropische Arten, von den Ginkgos nur noch eine einzige. (Fossile Funde weiterer Arten sind bekannt.) Während jedoch unsere heutigen Nadelbäume Weiterentwicklungen der ursprünglichen Arten sind, existiert jene eine Ginkgoart tatsächlich seit 65 Millionen Jahren.

> Extra Aufgabe:
> Davon abgesehen werden die in der Evolutionsgeschichte früher auftretenden Nadelbäume seit cirka 100 Millionen Jahren von den Laubbäumen zurückgedrängt. Könnten Sie sich einen Grund hierfür vorstellen?
> Die Antwort auf diese Frage finden Sie ausnahmsweise nicht im Lösungsteil, sondern beim Kelternplatz! (☞ S. 59)

Heimisch ist dieses wahrhafte „Fossil" in neuerer Zeit in China, woher auch sein Name stammt. Er wurde unter anderem „gin-kyo" genannt, was „Silberaprikose" bedeutet, denn die eßbaren Samen waren sehr geschätzt. Das ursprüngliche Vorkommen am Yangtsekiang ist nur wenige Quadratkilometer groß. Der Ginkgo eignet sich hervorragend als Stadtbaum, da er äußerst unempfindlich gegen Luftverschmutzung ist. Sage keiner, die Altvorderen seien müde geworden oder nicht mehr auf der Höhe der Zeit! Was ihnen gleichwohl passieren kann ist menschliche Anpassung an die örtlichen Gegebenheiten: Haben Sie gemerkt, daß bis auf ungefähr zweieinhalb Meter die Äste des Baums entfernt wurden? (Und fallen Ihnen dazuhin die Eschen-Sprößlinge auf, die dabei sind, sich neben dem Platzherren einzurich-

49

ten? Vielleicht mußten Sie inzwischen schon wieder weichen. Gewiß: eine gute Idee ist das nicht, an diesem Ort mitmischen zu wollen. Aber „tapfere Bäumchen" sind die beiden schon!)

Am Ende des Hofes hinter dem Ginkgo läßt sich rechts noch ein gewöhnlich-ungewöhnliches Baumwesen entdecken: wieder einmal ein Holunder – tatsächlich ja meist ein Strauch –, der hier sehr überzeugend als Baum durchzugehen versucht. In der Nähe eine Zwetschge, Weinstöcke, ein Birnbaum: ein weiterer kleiner Obstgarten, hier in der Unterstadt eine verbliebene Erinnerung an den handwerklich-bäuerlichen Charakter dieses Stadtbereichs. Endgültig verschwunden sind die landwirtschaftlichen Betriebe und Mitte der neunziger Jahre just in dieser Straße auch der letzte Pferdehalter (das Haus mit den aufgemalten Pferden Richtung Haagtor). Wenn Sie drauf zu laufen, dann aber gleich links ins Mordiogäßle einbiegen, finden Sie bald linkerhand in dem kleinen Hof einen passend kleinen Quittenbaum (Cydonia oblonga). In unseren Obstgärten ist sie selten geworden, diese Verwandte von Apfel und Birne mit der dicht verfilzten hellen Blattunterseite; vielleicht, weil sie recht frostempfindlich ist, aber beim Biß in die Früchte mit der eigentümlich samtartigen Haut zieht sich auch eher alles zusammen. Marmelade aus Quitten kennen viele immerhin noch, zu Likör und Quittenbrot lassen die Früchte sich ebenfalls verarbeiten. Am Baum, heißt es, duften sie nach Zitronen und Rosen, nach einem frischen Frühlingsmorgen. Das wäre doch glatt mal zu überprüfen. Aber seien Sie behutsam mit dem Bäumle im Gäßle.

Wieder am Ginkgo vorbeigegangen auf der linken Seite ein völlig anderer Typ Baum – verglichen mit dem „Fossil" -, sowohl was Wuchsform als auch die Üppigkeit des Blattwerks angeht: ein weiterer Eschenahorn, hier die Zierform des „weiß-bunten Eschenahorns". Die Zweifarbigkeit der Blätter (grün und weißlich-gelb) entsteht durch einen Mangel an Blattgrün, der auf die Kreuzung zweier Eschenahorn-Arten zurückzuführen ist. Mit seinen auffälligen Blättern und vor allem den Fruchtständen im Frühsommer ist er eine wahre Augenweide. Neben dem Eschenahorn steht schon etwas im Schatten eine vierstämmige Vogelbeere (Eberesche).

Es geht abwechslungsreich weiter: Ein paar Meter ins kurz darauf abzweigende Kleine Ämmerle hinein eine kugelig gezogene Baumhasel, zwei Platanen – platanenmäßig noch regelrechte Winzlinge gegenüber den Riesen vor der Burse – begrenzen den Feuerwehrvorplatz, und wieder gegenüber an der Schule finden Sie bereits die dritte Baumhasel in diesem Quartier. Lassen Sie sich hier nicht von einem Blick in den Schatten der Mauernische abhalten: Wie ein vielarmig-lauerndes Wesen verbirgt sich dort eine Eibe.

Ein Gedanke nebenbei: Wie wichtig ist solch ein Baum für die Welt? Dieser hier. Seine Art. Müßte es die Welt kümmern, wenn es Eiben nicht mehr gäbe? Existieren nicht noch so viele andere Baumarten? Unser Tenor ist, wie Sie sich vermutlich denken können: die Eibe ist wichtig – weil die Vielfalt des Lebens die Stabilität der Ökosysteme entscheidend mitbedingt.

Aber wir haben das Beispiel nicht zufällig erwähnt. Der Soziobiologe Edward O. Wilson erwähnt in seinem großen Werk „Der Wert der Vielfalt" eine Reihe eher unscheinbarer Pflanzen und Tiere, die wertvolle Eigenschaften besitzen, die für die Behandlung von Krankheiten nutzbar gemacht werden können. So scheint die Rinde der pazifischen Eibe bislang unbekannte Wirkstoffe zur Behandlung von Eierstock- und Brustkrebs zu enthalten (S. 424). Die Liste solcher Entdeckungen in jüngster Zeit wird immer länger. Und Millionen von Arten auf diesem Planeten sind noch überhaupt nicht erforscht. Sie existieren im Dunkeln, wie dieser versteckte Baum.

Der mögliche Nutzwert für uns ist aber nicht das einzige, das zählt: Wir können es tatsächlich überhaupt noch nicht abschätzen, wie das komplexe Zusammenexistieren von Lebewesen genau beschaffen ist und welche Bedeutung der endgültige Verlust auch nur einer unscheinbaren Art auf viele andere haben kann. Wer hier abfällig von Kinkerlitzchen und Erbsenzählen redet, hat jedenfalls keine Ahnung. Vermutlich wird ihm diese Eibe auch nie im Leben auffallen.

Haben Sie, nebenbei, die beiden winzigen Feldahorne rechts von der Eibe bemerkt? Spätestens auf den letzten Metern bis zur Kelternstraße fällt Ihnen aber sicher die große Fichte in direkter Verlängerung der Gasse auf. Wirkt sie nicht – derart häufiger und gewöhnlicher Baum, der sie in den Wäldern ist – fast wie ein Exot inmitten des städtischen Laubholzbestandes? Schließlich landen wir ganz vorne am Eck. Dort besteht die schöne Gelegenheit, einen (kränkelnden) Bergahorn mit den danebenstehenden Platanen zu vergleichen: die Ähnlichkeit der Blattform sticht ins Auge. In den lateinischen Namen von Bergahorn (Acer pseudoplatanus) und Spitzahorn (Acer platanoides) wird dies noch hervorgehoben. Ansonsten haben beide Arten nichts miteinander zu tun, was Sie auch an den Früchten deutlich erkennen können.

Sie haben jetzt die Möglichkeit, einen kleineren Abstecher zu machen, statt Richtung Jakobuskirche zu gehen: nach links bis zur Ampel, rechts und hinter der Brücke wieder rechts in die kurze Pfizerstraße hinein: Der Ammerbegleitweg bringt Sie auf anderer Strecke ebenfalls zum Kelternplatz (☞ S. 59).

Ammerbegleitweg (Pfizerstraße) (**19**):

Wenn Sie von der Altstadt herkommen, achten Sie unmittelbar nach der Kreuzung Belthlestraße – Westbahnhofstraße auf den dicht bewachsenen Garten rechterhand: kein aufgeräumtes Vorgärtchen, das hier, wo der Verkehr im Minutentakt mal nord-südlich und dann wieder ost-westlich pulsiert, auch herzlich fehl am Platze wäre. Nein, das ist fast schon ein Obstgarten, wenn Sie genau hinschauen: Sie können nach einem Lebensbaum einen Apfelbaum, einen Holunder, eine kleine Esche, eine kaum größere Kirsche und einen kräftigen Fliederbaum entdecken.

Biegen Sie dann rechts in die offensichtlich kurze Pfizerstraße ein. Formal heißt das ganze Stück Weg bis zur nächsten Brücke so, aber wir bleiben beim „Ammerbegleitweg", denn eigentlich scheint hier doch ein Ort übriggeblieben: aus der Zeit, da es nördlich des Weges keine Bebauung gab – außer eben dem, was hier zu entdecken ist: neben einigen Bäumen stehen mehrere alte, in früherer Garten-und Wingert-Zeit als Geräteschuppen dienende Häuschen, schön hergerichtet, teils sogar bewohnt. Einst endete vor dem Flüßchen die Stadt, dort wo sich heute der Verkehr am Kelternplatz entlangwälzt. Wir sollten angesichts des fast idyllischen Pfades nichts romantisieren: Auch hier haben wir es mit einer Anlage teils neueren Datums zu tun, was sich leicht am beton-begradigten Verlauf der Ammer ablesen läßt. Zwar wird der Reiz des Ortes so deutlich gemindert, gleichwohl ist das Stadtflüßchen bereits seit dem Mittelalter kanalisiert, und die erste Niederwasserrinne aus Beton wurde auch schon 1897 verlegt. Dennoch: die betriebsame Stadt scheint auf den paar hundert Wegmetern viel weiter entfernt zu sein, als sie es tatsächlich ist (knapp 20 m übern Bach!).

Den Anfang macht, noch an der Straße, ein kräftiger Holunder – ein Vorgeschmack auf den ganzen Pfad. Sicher fallen Ihnen voraus sofort die beiden hohen Pappeln auf. Diese schönen Bäume waren in den achtziger Jahren in Gefahr, gefällt zu werden – damit für einen Neubau um die Ecke die Baufahrzeuge leichter hier vorbei kämen!!! Anwohner kämpften um den Erhalt der Gruppe – wie zu sehen ist, mit Erfolg.

Haben wir eben Pappeln gesagt? Nun, wie Pyramidenpappeln sehen die beiden großen Bäume von ihrer Silhouette her betrachtet doch beinahe aus, oder? Wunderbar symmetrisch sind sie hochgewachsen, und Sie müssen genau hinschauen, um zu erkennen, daß da tatsächlich zwei genau gleichhohe Stämme vollkommen gleichrangig nebeneinander stehen. Aber es sind überhaupt keine Pappeln, sondern Stieleichen, die Sie vor sich sehen. Und sie machen es Ihnen auch beim Näherkommen zumindest im Winter und Frühjahr nicht leicht, sie zu bestimmen, denn beide Stämme sind dicht mit Efeu umwachsen. Sehr eichenhaft wirken die zwei Bäume wirklich nicht unbedingt: sie haben so gar nichts Schweres und Vertracktes an sich, gehen kaum in die Breite, statt dessen stehen sie da wie ein altvertrautes heiteres Riesen-Liebespaar (oder sind es eher Zwillinge?), das der Bedrohung durch die Zwerge zu seinen Füßen hat hoffentlich auf Dauer entgehen können.

Vor dem Duo hat sich ein auffallend großer Feldahorn offensichtlich von seinen Nachbarn in die Höhe mitziehen lassen. Vorbeigegangen sind Sie bereits linkerhand an einem Silberahorn, einer Birke und zwei im Spätsommer rotblättrigen Spitzahornen, die ähnlich wie die Blutbuchen eine Variation der Art darstellen. Gegenüber eine vielstämmige Weide! Auf jener Seite des Baches werden Sie immer wieder Obstbäume vorfinden.

Auf die beiden großen Eichen folgt eine wesentlich typischere Artgenossin mit knorrig auseinanderstrebenden Ästen. Nach dem zweiten Häuschen an der Wand wächst der nächste bemerkenswerte Holunder: ein rechter Invalide, der wirklich schon viel abbekommen hat. Dennoch treibt er aus, selbst an geknickten Ästen und aus puren Stammstümpfen. (Wir kommen hier am Holunder nicht vorbei, obgleich er meistens als Strauch wächst. Dies ist sein Weg in der Stadt. Dennoch haben wir uns für eine genauere Beschreibung eine andere Stelle ausgesucht. Sie finden sie auf S. 73.)

Ein Stück weiter werden Sie rechterhand spätestens jetzt erkennen, daß die erwähnte große Fichte an der Kelternstraße in Wirklichkeit eine Fünfergruppe darstellt: ein großer, drei mittlere und ein kleiner Baum bilden einen schönen kleinen Hain über dem langweilig graden Bach. Auf dieser Ammerseite schließen sich zwei kleine, noch nicht lange gepflanzte Birken an. Kurz darauf, vor dem nächsten schindelgedeckten Mauerhäuschen eine eindrucksvolle Stelle auf der Seite des Weges: mehrere Haselnüsse (darunter vor allem eine mehrstämmige) und Holunder wachsen aus

der Wand heraus. Der bereits erwähnte Edward O. Wilson schreibt an anderer Stelle (S. 421): „Die Blume in der rissigen Mauer ist ein Wunder. [...] Jede Art Lebewesen hat bis heute überlebt, weil sie eine Nadel nach der anderen einfädelte, brillante Überlebenstricks hervorbrachte und sich entgegen aller Wahrscheinlichkeit fortpflanzte." Dem ist an diesen Mauern nichts hinzuzufügen.

Wieder schräg übern Bach können Sie erkennen, daß bei einem der Häuser die Dachabdeckung der Abstellveranda eine Aussparung für die Zwetschge hinterm Haus erhielt. Gelobt seien die ideenreichen BürgerInnen! Links davon steht eine große Haselgruppe. Es folgen weitere Obstbäume am Wasser, der erste aber ist eine kleine Erle, die immerhin über ihren einstigen Stabilisierungsstecken längst hinausgewachsen ist. Die Blätter der Schwarzerle sind recht rund, vorne auffallend stumpf und etwas nach innen gewölbt, was sie gut bestimmbar macht. Die Erle ist ein ausgesprochener Baum feuchter und nasser Standorte. Eine faszinierende Eigenschaft dieser Art ist ihre Fähigkeit, den Luftstickstoff über die Blätter aufzunehmen und damit ihre eigene „Bodenumgebung" zu düngen. In gewisser Hinsicht düngen sich Erlen damit selber. An ungünstigen Standorten und unter ungünstigen Umständen kann das allerdings negativ sein. Es bildet sich dann Salpetersäure (HNO_3), und der Boden versauert. Nun müssen Sie sich das nicht unbedingt exakt merken, aber wir fühlen uns bereits wieder an Edward O. Wilson erinnert: diese unscheinbare Erle kann Dinge, die ihre Baumnachbarn nicht vermögen. Sie lebt nicht einfach wie die anderen; sie ist ein ganz spezifisches „Wunderwerk".

Auf der Wegseite folgt nach den Betonplatten ein weiteres Ensemble aus Haselnuß und Holunder, das kaum auseinanderzuhalten ist, denn auf ihm liegt ein regelrechtes Regendach aus dichtem (Waldreben-)Kletterzeugs, durch das die Trägerpflanzen kaum hinauskönnen. Beim folgenden Häuschen der nächste kräftige Holunder in der Mauer. Drüben anschließend eine weitere aufragende Fichte und eine auffallend umwachsene große Birke, kurz davor streckt ein Mirabellenbaum (Prunus cerasifera) seine Äste verführerisch (zumindest zur Reifezeit im Juli/August), doch leider nicht ganz weit genug über den Bach. Schließlich findet sich zum Ende der Strecke hin noch ein sehr schöner Baum: eine mittelgroße Trauerweide überspannt mit ihren Ästen die Ammer, als wolle sie das Elend des Bachlaufs ein wenig verbergen. Ihr Stamm ist mehrere Male eigentümlich gekrümmt. Unsere Vermutung ist, daß sie bei der ersten Krümmung einst gekappt wurde und dann zur Seite und schließlich wieder nach oben weiterwuchs. Ebenfalls eigentümlich ist die zweite größere Zwetschge bachabwärts: ihre langen dünnen Astgerten geben ihr eher das Gepräge einer weiteren Weide.

Gegenüber stehen mehrere Feldahorne, ihre dreigliedrigen Blätter viel kleiner als die des Bergahorns. Es folgt unter anderem noch eine Haselgruppe, vor ihr ein efeuumwachsener trotziger Holunderreststamm, dann sind wir schon beim umgebauten Komplex der Volksbank (früher war das die Druckerei Laupp). Ein gewaltiger Walnußbaum beherrscht den Vorplatz, wir zählen ihn zu den schönsten Bäumen im Innenstadtbereich. Winzig gegenüber ihm finden Sie in der Nachbarschaft zwei Roßkastanien, die im Prinzip nur auf die Zukunft setzen müssen, was Größe und Eindrücklichkeit angeht. Nur wirds dann mit dem Platz eng werden! Der dritte im Bunde ist ein kleiner exotischer Ahorn. Aber fast verbirgt sich da noch wer: drüben, im Winkel des Gebäudes steht einer jener Bäume, die vermutlich die allergrößten Blätter im Bereich unseres Führers ihr eigen nennen dürften: ein Trompetenbaum (☞ S. 22).

Leider setzt sich der Weg jenseits der nächsten Brücke nicht fort; fast ließe sich sonst um die Altstadt regelrecht herumschleichen. Stadtauswärts, nebenbei, erstreckt sich in der Ammerniederung ein ausgedehnter Holzbaubetrieb. Seit einiger Zeit bemüht sich die Bürgerinitiative Weststadt darum, auch in diesem Gebiet fußgängerfreundliche Veränderungen einzuleiten. Vielleicht geht es dann immerhin in diese Richtung fußläufig weiter.

Am Kleinen Ämmerle (**20**):

Auf halbem Weg zwischen Seelhausgasse und Schmiedtorstraße steht die nächste Eberesche (Sorbus aucuparia) (Genau genommen sind es ja zwei!). Mit ihren Früchten haben wir uns bereits beim Zwinger beschäftigt. Haben Sie eine Antwort auf die Frage dort gefunden? Nun, die sehr auffälligen Äpfelchen gerade dieser Baumart wurden in vergangenen Zeiten von Menschen als Lockmittel beim Vogelfang eingesetzt. Auch der lateinische Name der Eberesche bezieht sich darauf: aves capere bedeutet „Vögel fangen".

Die Früchte bleiben bis weit in den Winter hinein am Baum hängen. Sind sie dann doch verschwunden, ist die Eberesche leicht mit dem Speierling (Sorbus domestica) zu verwechseln. Der Speierling ist aber, obwohl er früher häufig in Obstgärten vorkam (was sich auch aus dem lateinischen Namen schließen läßt), am Aussterben. Diese Art ist schwierig heranzuziehen und von den Baumschulen seit Jahren nicht mehr gezüchtet worden. Wenn wir ihn jetzt schon zweimal erwähnt haben, obwohl Sie ihn in der Altstadt nicht antreffen werden, dann ist das als Beschwörung zu verstehen. Kennt jemand einen versteckten Speierling-Standort in Tübingen?

Die Eberesche hingegen, übrigens Baum des Jahres 1997, erträgt aggressive Abgase weit besser als viele andere Stadtbäume. Als Pionierbaumart auf Mittelgebirgsflächen hält sie auf Bergkämmen als einziger Laubbaum neben den dortigen Fichten stand. Bei Wiederaufforstungsprojekten zum Beispiel im Erzgebirge wird sie gezielt angepflanzt. Hierzulande, heißt es, ist die Eberesche auch deshalb so verbreitet, weil sie in vergangener Zeit im Ruf stand, Hexen vertreiben zu können. Noch früher, in keltischer und germanischer Zeit, war etwas allgemeiner die Rede von Unheil und bösem Zauber, weshalb heilige Stätten von Druiden mit Ebereschen umpflanzt wurden. Die Ziege, Lieblingstier des Donnergottes Donar, frißt besonders gern Ebereschenlaub. Leider können wir hier in der Unterstadt keine mehr entdecken, um sie zu Testzwecken einen Baum erklettern zu lassen. Stattdessen können Sie jedoch aus Ebereschenblättern einen Tee zubereiten, der Durchfall und Magenverstimmungen vertreibt. Das ist doch auch was.

Lassen Sie das ganze Sträßchen auf sich wirken. Für jeden Menschen, den es jetzt nicht nach Unkrauthacke und Straßenbesen in den Armen juckt, muß sein Verlauf doch wie ein Idyll wirken. Aber aufgepaßt! Wir haben kein Relikt aus der Vergangenheit vor uns. Wenn Sie genau hinschauen, werden Sie feststellen, daß viel im Kleinen Ämmerle in jüngster Zeit gestaltet wurde. Hier haben die Anrainer eine ganz moderne Mischung aus bewußter Anlage und zugelassenem Wildwuchs erreicht. (Die parallel verlaufende Hohentwielgasse weist ebenfalls Tendenzen in diese Richtung auf.)

Nebst verschiedenen, zur Blütezeit eindrucksvollen mehrfarbigen Stockrosen und anderen Pflanzen finden sich weitere Bäume, teils kugelig geschnitten in der Gasse (Robinie, Spitzahorn), teils in Gärten und Höfen. In einer wunderschönen Gartenanlage steht etwas zurückgesetzt ein nicht ganz gewöhnlicher Baum, eine Korkenzieherweide (Salix matsudana 'Tortuosa') Es handelt sich bei ihr um eine eigenwillige und unverwechselbare Defektform der chinesischen Baumweide. Sie ist standorttolerant und schnell wachsend, und ihre Äste legen es darauf an, sich zu verdrehen und miteinander zu verschlingen. Ein Stück weiter umschlingt über dem hohen braunen Holzzaun ein Hartriegel allmählich die Straßenlaterne. Links in diesem Hof wachsen Birken, die nur an ihren Blättern zu erkennen sind, denn von den Stämmen sehen Sie noch nichts.

Suchen Sie sich eine Gasse zur Jakobuskirche!

Bei der Jakobuskirche (**21**):

Beachten Sie, wie perfekt geformt die Platanen sind, die den Platz nördlich des Kirchengebäudes beschatten. Solche Schnittweisen finden sich eher in südlichen Ländern. Aber auch in der Ammergasse und bei der Krummen Brücke stehen einige derart „angepaßte" Kulturbäume, sämtlich Spitzahorne. (Wobei an letzterem Platz, direkt an der ehemaligen Viehtränke, vor allem auch eine normal hochgewachsene Platane zu finden ist!)

Im Winter sehen die beschnittenen Platanen bizarr, eigenartig, ja regelrecht verkrüppelt aus, im Sommer aber trägt ihr Wuchs zum Flair des Platzes bei. Die bei uns heimisch gewordene Platane (Platanus acerifolia) ist übrigens eigentlich ein Bastard, denn sie wird als eine Kreuzung der Morgenländischen und der Abendländischen Platane um 1650 in Südeuropa angesehen. Diese Kreuzung verträgt Kälte besser als die beiden Ausgangsformen und hat sich deshalb überall bei uns durchgesetzt. Sie ist zudem ungewöhnlich tolerant gegen Wind und den Eintrag von Stoffen aus der Luft. Dagegen braucht sie sehr viel Licht. Deswegen werden Sie Platanen in unseren Wäldern vergebens suchen.

Als hervorragender Schattenspender wird die Platane schon seit sehr langer Zeit geschätzt. Die alten Griechen, für die dieser Baum heilig war, pflanzten Platanen in die Nähe ihrer Tempel. Der Sage nach hat Hippokrates, der Vater der Heilkunde, auf der griechischen Insel Kos seine Schüler unter einer Platane versammelt. Probieren Sie es doch einmal aus, ob Ihnen hier, auf einer der Bänke, auch etwas Bedenkenswertes durch den Kopf geht! (Es muß ja nicht gleich ein neues Lehrsystem sein!)

Eine der schönsten Tübinger Hauswandbegrünungen finden Sie auf der anderen Seite der Straße (siehe Foto nächste Seite): Eine Birne spielt hier sozusagen

Efeu und ist regelrecht symmetrisch die Wand hinaufgewachsen – bzw. durch menschliche Einwirkung zu diesem Wuchs auch veranlaßt worden. Zum „Salzstadel" hin spendet eine Sommerlinde ebenfalls Schatten (oder Schutz vor Regen!). Achten Sie auch auf den Pflanzstreifen zwischen Platz und Parkplätzen. Nichts Besonderes, gewiß – unter anderem tun eine Vogelbeere und zwei kleine Kiefern ihr Bestes, werden es aber wohl nicht weit über die Strauchhaftigkeit hinaus schaffen. Aber nehmen Sie doch mal in Ihrer Vorstellung die paar Meter Erde und Bewuchs einfach weg! Kleinvieh, oder leicht abgewandelt: Kleingrünkram macht auch Mist, oder? Und es lohnt noch an vielen „nackten" Plätzchen, Straßenstücken und sonstigen Stellen zu erwägen, ob sich ihre steinerne oder zementige Blöße nicht stilvoll bedecken ließe.

Die nächste eindrucksvolle Mischung aus bewußtem Zutun und zugelassenem „tapferen Wachsen" läßt sich gegenüber der Ostseite der Jakobuskirche bestaunen: ein Fleckchen wie aus einer anderen Zeit (nein, nicht der Vergangenheit, der Zukunft, der *Zukunft*!). Lassen Sie sich an diesem Ort von jenem Satz inspirieren, der Martin Luther zugeschrieben wird: daß er im Angesicht des Weltendes noch ein Apfelbäumchen pflanzen wolle: vor der betriebsamen Werkstatt ziemlich viel Grünzeugs am Boden, dessen unkrautiges Selbstbewußtsein hier vermutlich recht stabil ist, und dazu diverse Pflanztöpfe mit allen möglichen Gewächsen. Vom Wein an der Wand wollen wir gar nicht auch noch anfangen, aber wir haben festgestellt, daß Weintrauben in der Stadt immer wieder begegnet werden kann! Oh dionysisches Tübingen ...

Gehen Sie dann irgendwann noch auf die andere Seite der Kirche, zur Jakobsgasse hinüber. In der Nähe des Haupteingangs sind die Wucherungen an dem Spitzahorn beachtenswert. Es handelt sich dabei ursprünglich um Knospen, die sich auf engstem Raum bilden und zusammengewachsen sind. Im Holz ergeben sie schöne Maserungen. Die genaue Ursache für dieses Phänomen ist unbekannt. Die Wucherungen entstehen häufig, wenn an diesen Knospenstellen die Rinde beschädigt wird – zum Beispiel durch Beschneidung, Frostriß oder durch mechanische Beschädigungen (Autos). Auch die noch nicht so mächtige Kastanie bei der Bäckerei am Eck weist einen Stamm voller Wucherungen auf.

Innenhof der Fruchtschranne, von der Schmiedtorstraße aus (**22**):

Dies ist ein Ort, an dem man normalerweise vorübergeht, da er bis zum Sommer 1998 Schulgelände war. Er lohnt aber durchaus einen Blick. Zwei eindrucksvolle Riesenplatanen ragen zwischen den Häusern auf. Die entfernter stehende besitzt einen von Sträuchern verdeckten gewaltig-wulstigen Stammfuß. Tübingen ist übrigens eine ungewöhnlich platanenreiche Stadt! Mehr als 500 Exemplare gibt es an Straßen und in Parkanlagen. In einem Kiesareal zwischen den Platanen können Sie noch einen Baumstumpf entdecken: Da stand bis 1997 eine schön mit großen Baumpilzen bewachsene Birke. Sie fiel nach einer umstrittenen Entscheidung dem Aufbau der Bühne für das (ansonsten wunderschöne) Sommertheater mit Shakespeares „Was Ihr wollt" zum Opfer. *Wer will was?* und *Wer kriegt was?* kann manchmal leider zu ziemlich blödsinnigen Konfliktsituationen führen!

Schräg gegenüber vom Tor zum Hof stoßen Sie an der Ecke Seelhausgasse/Madergasse auf eine weitere, schon erwähnte. Möglichkeit, „Kleingrünkram" einzusetzen: In ihrem großen städtischen Pflanztopf macht dort die nächste Korkenzieherweide nach dem Kleinen Ämmerle gar keine so schlechte Figur. Die Korkenzieherweide wird bis zu zehn Meter hoch. Wir werden sehen, was dieses Exemplar im Topf schafft!
    Auf den Kelternplatz zu kommen Sie an weiteren Kugelspitzahornen vorüber. Vermutlich glauben Sie es inzwischen, daß der Spitzahorn die häufigste Baumart im Kernstadtbereich ist (☞ S. 36). Wenn Sie dagegen ein paar Meter nach links in die Hohentwielgasse hineingehen, begegnet Ihnen linkerhand wieder ein seltenerer Baum: ein weiterer Lavalles Weißdorn.

Kelternplatz (**23**):

An den hier gepflanzten Linden ist bemerkenswert, wie perfekt sie für das „Überleben im Stadtdschungel" geschützt wurden: der „Rammschutz" bewahrt vor blinden Autofahrern, die Bodenabdeckung dient aus rechtlichen Gründen dazu, die Stolpergefahr für Passanten zu vermeiden, trägt aber auch dazu bei, daß die Erde um diese Bäume herum nicht zu sehr verdichtet wird! Den Kelternplatz gerade mit dieser Baumart aufzuwerten, so daß er trotz des flutenden Verkehrs immerhin ein wenig zum Verweilen einlädt, kann daran erinnern, daß Linden die klassischen „Dorfmittelpunktsbäume" sind. Aber warum eigentlich?

Die Familie der Linden besteht aus ungefähr 300 Arten. Davon sind allerdings nur 30 Bäume. Die bekanntesten Arten bei uns sind die Sommer- und die Winterlinde. Von allen Bäumen weist die Linde wohl den regelmäßigsten und gleichmäßigsten Kronenbau auf. Die Krone mit dem runden Gipfel und den meist etwas ausladenden unteren Partien hat oft die Form eines umgekehrten Herzens, eine Form, die auch bei den Blättern und Knospen wiederzufinden ist.

Die Linde wurde und wird noch immer als ein typisch weiblicher Baum betrachtet und in Verbindung mit Geselligkeit, Häuslichkeit, Liebe und Ehe gebracht. Ohne daß, nebenbei, jemand je die Linde gefragt hätte, warum das so ohne weiteres „weibliche" Eigenschaften seien. Jedenfalls sahen die Germanen in der Linde die Beschützerin von Haus und Herd (was doch eher etwas mit kämpferischem Geist zu tun hat, oder?) und hielten den Baum für heilig. Aufgrund dieser Wertschätzung – und nicht zuletzt, weil Linden bis zu 1000 Jahre alt werden –, wurden (und werden) sie häufig als Dorflinde, aber auch auf vielen Bauerngütern, Höfen und sonstigen markanten Stellen gepflanzt. Der Anlaß dafür waren meist besondere Ereignisse wie Geburten oder Gedenkfeiern, an die die Erinnerung lange lebendig gehalten werden sollte.

Es gibt noch einen weiteren, ganz praktischen Grund: Früher, vor der Zeit der Sonnenschirme, war es üblich, einige Bäume vor das Haus zu pflanzen, um die Sonne abzuhalten, wofür sich die Linde gut eignet. Die Sonnenschutzwirkung versuchte man noch dadurch zu erhöhen, daß die Zweige der jungen Bäume mit Hilfe von Stäben gezwungen wurden, flach in einer Ebene zu wachsen. Das geschieht auch heute noch. An den Enden der Äste werden die jungen Zweige regelmäßig weggeschnitten, wodurch die Knoten entstehen, die für solche „Spalierlinden" charakteristisch sind. Davon abgesehen besteht die Rinde der Linde aus sehr langen Fasern, die früher – und in manchen Ländern wie Rußland auch heute noch – zur Herstellung von Tauen und Matten benutzt wurden.

Interessant sind auch die Unterschiede zwischen Sommer- und Winterlinde. Erstere kommt nur sehr selten im Wald vor, denn sie bevorzugt eindeutig die freie Landschaft. Aber auch dort ist sie in Mitteleuropa nur selten wild gewachsen. Umso häufiger kommt sie als Straßen- und Parkbaum vor. Mit einer Größe von fast 40 Metern ist die Linde einer unser größten Bäume und seit jeher der ideale Baum für Alleen, Boulevards und fürstliche Auffahrten. Die herkömmliche Dorflinde ist meist eine Sommerlinde. Doch es zeigt sich heute mehr und mehr, daß sie die zunehmende Luftverschmutzung in den Städten kaum noch verträgt. Ob die Linden hier am Kelternplatz in Jahrzehnten ihre möglichen vierzig Meter erreichen werden, steht damit noch wahrhaft in den Sternen.

Die eigentliche Heimat der Winterlinde ist Osteuropa. Von dort hat sie sich stark verbreitet und ist auch in Südskandinavien, England, an der atlantischen Küste und in Nordost-Spanien anzutreffen. Wälder bildet sie aber nur in Osteuropa. Sie ist ein Baum des Flachlandes. Die Winterlinde ist etwas klimahärter als die Sommerlinde und ein besserer Park-, Straßen- und Waldbaum. Sie können in der Regel annehmen, daß es sich bei einer Linde im Wald um eine Winterlinde handelt. Ihre Blätter sind kleiner als die der Sommerlinde. Außerdem hat sie deutliche braune Büschel an den Blattaderwinkeln auf der Blattunterseite (Bei der Sommerlinde sind sie weiß.).

Wenn Sie unter – oder hier am Kelternplatz eher noch: neben! – einer solchen (Sommer-)Linde sitzen, bietet es sich an, über gewaltige Zeiträume und die für unsereins unsichtbaren Veränderungen in solchen Perioden nachzudenken: Auffallend in der Entwicklungsgeschichte der Linde ist, daß sie sich, wie auch die Ulme, nach einer Blütezeit in der warmen nacheiszeitlichen Periode etwa zwischen 2500 bis 600 v. Chr., in unseren Breiten immer weniger gut behaupten kann. Das seitdem etwas kältere und stärker ozeanisch geprägte Klima und vielleicht auch der Einfluß des Menschen dürften die wahrscheinlichsten Gründe für ihren Rückgang sein.

In noch unfaßbar größeren Zeiträumen betrachtet gehört die Linde eigentlich zu den erfolgreicheren Baumherrinnen der Erde, die den Ginkgo ablösten: Seit der Zeit des Perm (vor 295 bis 225 Millionen Jahren) gab es Nadelbäume, Laubbäume erst ab der Kreidezeit (cirka 95 Millionen Jahre zurück). Auch in der Kreidezeit dominierten noch die Nadelbäume (wenngleich die Laubbäume gegen Ende der Kreidezeit ihre Konkurrenten im Artenreichtum übertrafen!) Aber von dieser Zeit an wurden die Nadelbäume zurückgedrängt – bis der Mensch in den letzten Jahrhunderten an vielen Orten zugunsten des schnellwachsenden Nadelholzes eingriff. Wie aber kam es zu diesem natürlichen Prozeß?

Laubbäume pflanzen sich viel schneller fort! Genauer: Sie gehören zu den sogenannten Bedecktsamern, deren evolutionärer Vorteil darin besteht, daß die Samen noch an der Elternpflanze über einen Nahrungsvorrat verfügen. Dadurch kann sich der Samen sehr schnell entwickeln. Die Folge ist, daß die meisten Nacktsamer (also unter anderem die Nadelbäume) eine Entwicklungsphase vom Keimen des Samens bis zur reifen Pflanze mit eigenen Samen von 18 Monaten oder länger haben, die Bedecktsamer dagegen in vielen Fällen von nur wenigen Wochen. Heute gibt es cirka 200000 Bedecktsamerarten (mit Gräsern etc.), dagegen gerade einmal ungefähr 550 Koniferenarten. Ein zweiter Grund für den Erfolg der Bedecktsamer ist die Attraktivität ihrer Blüten für die Insekten. Durch die Spezialisierung auf bestimmte Insekten wurde die Artenvielfalt gefördert (aber auch umgekehrt) und dadurch die Anpassungsmöglichkeiten an die Umwelt.

Erdepochen sind seither vergangen. Einst war hier ein anderes Land. Selbst uralte Linden kennen es nicht mehr. Der uns so lästige Straßenlärm nebenan hallt unmeßbar kurz in der Zeit. Derartige Lächerlichkeiten sollten in ihre Grenzen verwiesen werden und uns nicht das Wunder der Schöpfung und einer guten Tasse Kaffee verderben dürfen.

(Oh, ihr Zeitläufte! Schon gibt es vor der alten Kelter wieder keinen Kaffee mehr. Lindern die Linden das Leid der verlorenen Langsamkeit? Uns schütteln jedenfalls die Reime, und wir müssen weitergehen.)

Lazarettgasse (**24**):

Direkt dort, wo die Lazarettgasse von der Schmiedtorstraße abzweigt, vor dem neugebauten Eckhaus, wurde eine Seltenheit gepflanzt. Was die Tübinger Innenstadt anbelangt, können wir das mit Fug und Recht behaupten. Ansonsten ist er es natürlich nicht, diese vorläufig noch kleine Stieleiche, aber Sie müssen sich wirklich umschauen, bis Sie die nächste Altstadteiche finden. (Erinnern Sie sich: am Haagtor steht eine Sumpfeiche! Und natürlich haben wir auch nicht das Eichenpaar an der Ammer vergessen!) Nehmen wir den Winzling dennoch ernst, schließlich ist die Eiche ja nicht irgendein Baum: Mit wenigstens 500 Arten sind die Eichen einer der umfangreichsten Baumgattungen der nördlichen Hemisphäre. Allein 125 Arten wachsen in Mexiko. Im Tübinger Stadtgebiet kommen die Stieleiche, die Traubeneiche, die Rot- und die Sumpfeiche vor.

Die Trauben- oder Wintereiche heißt auf lateinisch Quercus petraea (die Eiche von den Steinen). Gemeint ist damit, daß diese Eiche ganz gerne auf Bergen wächst, im Gegensatz zur „Taleiche", der Stieleiche (Quercus robur = rauhe, starke Eiche), die auch Sommereiche heißt. Die üblichen deutschen Namen sind zunächst etwas verwirrend, da die Blätter der Stieleiche tatsächlich gar keinen Stiel aufweisen, die der Traubeneiche jedoch schon. Aber die Namen rühren von den Früchten her: die Eicheln der Stieleiche sind eben langgestielt, während sie bei der Traubeneiche traubenförmig gedrängt und kurzstielig zusammensitzen. Leider variieren dennoch beide Arten so ausgiebig, daß die eindeutige Abgrenzung nicht immer möglich ist.

Während Stiel- und Traubeneichen bei uns heimisch sind, wurden Rot- und Sumpfeiche importiert. Die Roteiche (☞ bei der Kinderklinik, S. 82) erhielt ihren Namen aufgrund der roten Herbstverfärbung der Blätter. Sie ist wohl die beliebteste, häufigste, schnellwüchsigste und sicher anspruchloseste Art der amerikanischen Eichen. Deshalb ist sie auch forstlich von großem Interesse. Die Sumpfeiche am Haagtor dagegen – ausgesprochen hübsch anzusehen und im Herbst ebenfalls farblich eindrucksvoll – ist gelegentlich an feuchten Standorten anzutreffen.

Seit jeher werden die Eiche und der Blitz in enge Beziehung miteinander gebracht, und so gibt es auch sehr verschiedene Erklärungsversuche für dieses Phänomen. Die Eiche soll den Blitz anziehen. Das stimmt natürlich nicht, sagt die nüchterne Naturwissenschaft, doch ist es so, daß die Wirkung eines Blitzeinschlages bei der Eiche viel schlimmer ist als zum Beispiel bei der Buche. Die Ursache dafür ist vermutlich, daß die elektrische Ladung auf dem rauhen Eichenstamm nur schlecht abgeleitet wird, während sich auf dem glatten Stamm der Buche ein Wasserfilm bildet, der dafür sorgt, daß die Elektrizität schnell zum Boden abfließen kann. Eine andere Theorie nimmt an, daß Eichen gerne auf Kreuzungspunkten von Wasseradern stehen, über denen der Blitz eher als anderswo einschlägt. Indem sich ihre langen Pfahlwurzeln tief in die Erde bohren, bis sie Wasser finden, bilden Eichen demzufolge einen mächtigen Blitzableiter.

Kein Wunder, daß die Germanen ihre Eichenheiligtümer Donar, dem Gewitter- und Kriegsgott weihten. Aber auch die Kelten brachten den Eichen Ehrfurcht entgegen: aus der keltischen Bezeichnung *dair* für diesen Baum entstand der Name „Druide", und wenn die heiligste Pflanze der Kelten, die Mistel, auf einer Eiche wuchs, dann waren ihre magischen Kräfte besonders wirksam. Bei allen Völkern schließlich, in deren Gebiete Eichen wachsen, galt sie als Symbol der Kraft und der Willensstärke.

Zum „Baum der Deutschen" allerdings wurde die Eiche erst im 18. Jahrhundert durch den Dichter Klopstock gemacht. Ihre Dauerhaftigkeit, ihre Form, die wenig gefällig und nicht anschmiegsam ist, die Individualität der alten, einzeln stehenden Gerichts- und Grenzeichen – dies alles und mehr sollte als angeblich selbstverständliche Eigenschaften der Deutschen gepriesen werden. Womit wir eine weitere nüchterne Erklärung für die Blitzanziehung hätten: Die einzelnen, oft exponiert stehenden Eichen sind dadurch Blitzen weit stärker ausgesetzt als die selten allein wachsenden Buchen.

Nüchtern ist auch die Erkenntnis, daß die Eiche – im Gegensatz zur Linde und anderen – nie zum Hausbaum gemacht wurde. Wenig überraschend nach dem Gesagten: welcher Bauer wollte schon einen Baum am Haus, der mit Blitz und Donner in enger Verbindung stand! Gleichwohl besaß die Eiche für die Landwirtschaft große Bedeutung: Die Eicheln sind ein beliebtes Futter für vielerlei Wild, und im Mittelalter trieb man die Schweine in die Eichenwälder (sogenannte Hute- = Hütewälder). Damals wurde ein Wald nicht nach seinem Holzvorrat bewertet, sondern nach der Zahl der Schweine, die man in ihn eintreiben konnte. Diese Nutzung endete erst, als die Kartoffel die Eicheln ablöste. Eicheln wurden auch schon zu Kaffee-Ersatz verarbeitet. Die Rinde, die viel Gerbsäure enthält, wird zum Gerben von Leder gebraucht. In der Heilkunde dient Eichenrinde unter anderem für die Zubereitung von blutstillenden Mitteln. Trotz all dieser Reichtümer ist die Eiche kein häufiger Stadtbaum. Ihre Vermehrung erfolgt normalerweise durch den Eichelhäher, und der meidet Städte. Zudem bringt die Eiche in eng besiedeltem Gebiet durch ihre ausladende Wuchsform auch statische Probleme mit sich.

Zurück zu dem kleinen Baum vor Ihren Augen: ist es ihm anzusehen, welche Geschichte seine Art hinter sich hat? Unter günstigen Umständen hat er viele Jahrhunderte Lebenszeit vor sich. Wenn Sie sich am Kelternplatz in die Vergangenheit träumten, dann wandern Sie hier weiter in die ferne Zukunft. Sie steht bereits vor Ihren Füßen – wenn wir es zulassen!

Der Hof hinter dem katholischen Gemeindezentrum, ein Stück in die Lazarettgasse hinein, ist eine richtige „Stadtbrache". Wie so oft wird hier ein durch Häuserabriß entstandener Freiraum als Parkplatz genutzt. Solange der Boden nicht weiter versiegelt wird, werden solche Stellen gern von wilden Bäumen besiedelt. Sie finden eine Esche, einen Birnbaum, einen Bergahorn und auch eine weitere Korkenzieherweide, die hier aber ordentlich im Boden wächst. Möglicherweise stammt ein Teil diese Bäume auch aus der Zeit, da vor dem Bau des Gemeindezentrums nebenan Gärtles-Gelände war. Bedenken Sie, über wieviel Bodenfreiheit sie verglichen mit sehr vielen im Rahmen der Altstadtsanierung gepflanzten Bäume verfügen. Eine Faustregel besagt, daß der Wurzelbereich in seiner Ausdehnung in etwa dem Kronenbereich entspricht und daß ein Baum nach Möglichkeit genau so viel offenen Boden um sich herum haben sollte. Die kleine Eiche zu Beginn der Gasse gehört damit zu den glücklichen Neulingen.

Am Rand dieses Hofbereichs zur Lazarettgasse hin steht neben einem gewöhnlichen größeren ein „angeketteter" Spitzahorn. Der Baum ist inzwischen um die Kette herumgewachsen. Mal sehen, wie sich das noch entwickelt – in den nächsten Jahren und Jahrzehnten! Leider scheint der Baum nicht mehr gesund zu sein: Seine schmächtige Krone ist blattlos, und das übrige Blattwerk kränklich-braun. Die Kette ist dafür allerdings nicht unbedingt verantwortlich.

Falls Sie, was zu hoffen ist, gelegentlich in den Schindhau, das Waldgebiet jenseits des Galgenbergs im Süden Tübingens, kommen, dann können Sie dort mit etwas Aufmerksamkeit ein weiteres Beispiel für die „Arbeit der Natur" entdecken: In der Nähe eines der Hauptwege durch den Wald wächst ein Baum ungerührt um ein „Entrée Interdite"-Schild der früheren Herren dieser Gegend herum.

Amüsieren kann die kleine „Pinselkugel" in einem offenen Hof gegenüber: eine höchst zugerichtete Robinie. Die Vorarbeit der Anzucht-Gärtnereien läßt sich an ihr sehr anschaulich studieren. Ein paar Meter weiter, wo die Lazarettgasse abknickt, ist in der Verlängerung ein mächtiger Kirschbaum zu erkennen, der seinen recht engen Hinterhofbereich fast zu sprengen scheint. Und schließlich stehen sich bei dem Radgeschäft um die Ecke Stadtbrache und geordnete Stadt noch einmal in Gestalt zweier schmächtiger Birken gegenüber: vor dem Laden ein Zögling im Topf – gegenüber, an der Ecke des armselig-heruntergekommenen Hauses ein gleichgroßes Stämmchen im Boden, das sicherlich wild wächst. Wer hat die besseren Chancen auf ein würdiges Baumleben? Etwa der Töpfling? Eigentlich ist das ein sehr irritierender Baumplatz, finden Sie nicht auch?

Falls Sie der Anordnung unserer Baumplätze kontinuierlich gefolgt sind, dann müssen Sie jetzt durch eine Lücke bis zum Katholischen Stift hindurch, wo gewissermaßen ein zweiter Teil der Tour beginnt. Irgendwie widersetzt sich die Stadt der perfekten Gliederung von Spaziergängen.

Unterwegs können Sie in der Neustadtgasse, hinter dem Stadtmuseum im Kornhaus und Aug' in Aug' mit der Neptunskulptur, dem tapferen Spitzahorn neben dem Regenabflußrohr Glück wünschen. Er wird es brauchen können. Seine Chancen für die nächsten Jahre stehen sicher schlechter als die der etablierten Platane um die Ecke.

Katholisches Stift, Collegiumsgasse (**25**):

Der mächtige Baum im vorderen Garten des Stifts ist einer der hohen und eindrucksvollen ganz alleinstehenden Bäume im Altstadtbereich: eine Esche. Macht man sich eigentlich klar, was für gewaltige Lebewesen Bäume sind? Häuserhoch ragen sie hinauf, und die ganze Strecke hinauf bis in die Baumwipfel müssen sie Nährstoffe aus dem Boden, sich der Schwerkraft entgegenstemmend, transportieren[4]. Um sie herum steinerne Fremdlinge und kurzlebige Käferwesen, die nur leider häufig über wesentlich länger wirkende Techniken und Absichten gebieten, die ihrer Umgebung nicht immer zuträglich sind. Was kümmerts dennoch den Baum, daß er womöglich von jenen Wesen gepflanzt wurde? Es wäre auch so einer gewachsen.

Nicht Wale oder Elefanten sind die größten Lebewesen der Erde – Bäume sind es! Denken Sie nur etwa an die Mammutbäume in den USA. Und eigentlich genügt schon der unverstellte Blick auf jene Esche am Stift, um sich der wahren Proportionen zu erinnern. Schaudert es Sie auch ganz leise?

Bescheidener kommt neben der Esche die kleine Blutbuche daher, unmittelbar am Zaun mußte sich die efeuumwachsene Robinie wohl etwas Trimmung gefallen lassen, um derart strauchartig zu wachsen. Gehen Sie dann, ein paar Meter weiter, noch um die Ecke der Einfahrt zum Stift neben dem Garten. Links steht eine Kirsche mit eigentümlichem Stamm: in ungefähr anderthalb Meter Höhe verzweigt er sich in sechs kleinere Hauptäste (☞ Anmerkungen zur beschnittenen Weide auf S. 43). Geradeaus in den Hof hinein können Sie eine Birne sehen, die ganz und gar in den kleinen Laubengang integriert worden ist.

Wenn Ihnen dieser kleine Park hier gefällt: Erinnern Sie sich noch an die Aufforderung vom Beginn, nämlich in der Neckargasse auf ein gewisses Phänomen zu achten? Nun, so lebendig und interessant diese alte Straße ist: es wächst in ihr (und weiter die Bursagasse entlang), kein einziger Baum. Gleiches gilt für zahlreiche weitere Straßen und Gassen. Gehen Sie einmal mit dieser Blickausrichtung durch die Altstadt. Der Sachverhalt ist weder ein Zufall noch ein Straßen-Merkmal aus neuerer Zeit. Tatsächlich gab es nämlich im mittelalterlichen Tübingen so gut wie keine Bäume in der Stadt! (Ein Grund, warum es für Bäume auch wenig angemessenen Lebensraum in der Innenstadt gibt.) Schwer vorzustellen, oder? Aber dies war eine Platzfrage, und es war eine Frage der Einstellung von Menschen in jener vergangenen Zeit, die kaum die Stadt

---

[4] Gewiß, da sind auch noch die Kapillarkräfte, die die Sache erleichtern: in sehr engen Gefäßen unterstützt die Oberflächenspannung der Flüssigkeit den Transport durch die Leitungsbahn!

verlassen hatten, um sich bereits im fremden Wilden Wald wiederzufinden. Was brauchten sie den auch noch in ihren Bastionen der Zivilisation? Denken Sie andererseits auch an heutige Städte in Ländern, die kein Geld für „den Luxus" angelegten Stadtgrüns aufbringen können. Es gibt übergenug von ihnen.

Wenn das Stadtgrün für uns heute und hierzulande einen deutlich anderen Stellenwert gewonnen hat, sollten wir jedoch nicht vergessen, daß die ganz anderen Zeiten keineswegs lange zurückliegen. Bis nach dem Zweiten Weltkrieg galt im Prinzip, was eben über die mittelalterliche Stadt gesagt wurde. Allenfalls läßt sich sagen, daß die Zahl der Gärten, die in der ländlichen Unterstadt um die Jakobuskirche herum betrieben wurden, bis ins 19. Jahrhundert deutlich größer war als heute.

Betrachten Sie als kleines Beispiel die alte Postkartenaufnahme der Langen Gasse. Im Vordergrund, an der Straßeneinmündung, steht heute ein Götterbaum (mehr dazu ab S. 70). Solche Vergleiche ließen sich zahlreich anstellen. Vor der Stadtsanierung ab Anfang der siebziger Jahre fanden sich in der Altstadt neben den Bäumen zwischen Wilhelmsstift und Johanneskirche (auf dem Foto zu erkennen) sowie der eben beschriebenen Esche recht wenige weitere.[5]

Erst die Altstadtsanierung brachte in den vergangenen Jahrzehnten die beachtliche Menge an Baumgrün, mit der wir uns hier beschäftigen: die Gleditschie am Faulen Eck (☞ S. 17) und die Bäume um die Jakobuskirche gehören neben sehr jungen Anpflanzungen (zum Beispiel den Kelternplatz-Linden) ebenso dazu wie die Weide beim Nonnenhaus – und eigent-

---

[5] Älter sind die Platanen vor der Burse (☞ S. 15) und hinter der Fruchtschranne (☞ S. 59) sowie die legendäre Mutter der Linde oben am Schloß (☞ S. 19), eine Birke in der Hinteren Grabenstraße in dem wunderbar verwilderten Garten (☞ S. 86), die Fichte am Nonnenhaus (☞ S. 89), die Eiche beim Holzmarkt (☞ S. 100), einige Bäume am Schulberg (☞ S. 102), und das wars dann auch schon so ziemlich!)

lich alles, was dort heute Schatten wirft (☞ ab S. 89) – oder die Bäume beim Café Hirsch (gleich anschließend). Behalten Sie es vor Augen!

Krumme Brücke (**26**):

Ein interessantes Beispiel für sich ändernde Einstellungen zum Stadtgrün sind auch die Spitzahorne in der Ammergasse und die Platane an der Krummen Brücke (Sie müssen den Schlenker zurück einfach machen!). Als erstere gesetzt werden sollten, bekam der damalige Stadtsanierer Feldtkeller aus dem Gemeinderat zu hören: Wozu sollen denn hier Bäume stehen? Er konterte: als Gegengewicht zu den Autos. Wenn die andere Seite die Autos wegbringe, dann verzichte er auch auf die Bäume! Die Autos blieben, die Bäume kamen, und die Auseinandersetzung war symptomatisch für diese jüngere Vergangenheit.

Die ganze Altstadt hatte – wie auch in anderen Städten – nach dem Zweiten Weltkrieg keinen guten Ruf. Die Menschen zog es nach draußen, in großzügigere „naturnähere" Siedlungen. Es blieben Studenten und Ausländer. Eigentlich – und das war keine seltene Auffassung! – sollte man dieses ganze alte Glomp abreißen und eine neue schöne Kernstadt hinstellen! Erst allmählich bahnte sich ein Umdenken seinen Weg und fand in Tübingen unter anderem in der Altstadtsanierung samt ihren Grünpflanzungen seinen Ausdruck. Das vorläufige Ergebnis durchstreifen Sie mit diesem Führer. Dies ist – so betrachtet – also keineswegs mehr die spätmittelalterliche, jedenfalls jahrhunderteale Stadt, die ihren (architektonischen) Eindruck auf viele Touristen nicht verfehlt. Sie wandern, aufs städtische Grün bezogen, geradezu durch eine junge Stadtanlage!

Oder anders ausgedrückt: Sie bewegen sich durch städtische Strukturen, die sich letztlich als höchst anpassungsfähig an die Veränderungen der Zeitläufte erwiesen haben. Das heißt natürlich nicht, daß über den zukünftigen Weg nicht weiterhin gestritten werden wird: Auch heute sind Stimmen zu hören, die sich über die „verkrautete Stadt" beschweren und fragen, wann man denn die Stadt gar nicht mehr werde sehen können …?

Betrachten Sie den Platz an der Krummen Brücke: Hier befand sich eine Viehtränke, die später überbaut und im Zuge der Stadtsanierung wieder freigelegt wurde. Dies war ein städtischer „Arbeitsplatz". Haustiere, Kühe, Pferde und Kleinvieh, wirbelten Straßenstaub auf. Es gab die den Platz beherrschende Platane und auch die übrigen Bäume ringsum nicht. Handwerker, Schmiede beispielsweise, arbeiteten nahebei auch auf der Straße. Müßiggang? Touristenströme? Vielleicht hier und da ein von seinen Pflichten in der Oberstadt abgedrifteter Professor! Ein paar Studenten und die Kinder, nun gut! Können Sie es sich vorstellen?

Und heute setzen Sie sich neben der schön hergerichteten eigentümlichen Kanalausbuchtung an einen der Tische und genießen mal wieder Ihren Kaffee. Ist die Platane hier (aus historischer Perspektive) fehl am Platze? Sind Sie es? Eher wäre im Sinn zu behalten, wie sehr sich auch eine so altehrwürdige Stadt wie Tübingen (samt ihren BürgerInnen) im Wandel befindet – und wie sie ihn bewältigt. Einerseits durch immer neue Nutzungs- und Lebensformen. Nicht zuletzt aber auch durch Gewöhnung und Vergessen. Was dachten Sie, wie lange all die Baumplätze in diesem Führer schon solche sind?

Fahren wir fort mit einem weiteren offensichtlicheren Beispiel für die Veränderungen:

Lamm-Hof (**27**):

Einst war hier Hinterhof- und Gartengelände, ungefähr ab dem 19. Jahrhundert aber wurde der Bereich fast flächendeckend mit zum Teil mehrstöckigen Gebäuden überbaut. Dem Bestreben der Altstadtsanierung folgend, auch inneraltstädtisch die Wohnqualität zu erhöhen, kam es schließlich zur völligen Neugestaltung. Der Blick zurück muß wirklich weit gehen, um zu ermessen, wie vielfältig sich das so schön „altertümlich" wirkende Tübingen dennoch wandelte. (Ganz abgesehen davon, daß ja auch viele „alte" Häuser im Innern komplett neu gestaltet oder sogar, wie das heutige evangelische Gemeindehaus im Lamm, völlig neu aufgebaut wurden!)

Es gibt einen Eingang in das Areal direkt am Zusammentreffen von Collegiums- und Hirschgasse, doch ist der normalerweise verschlossen. Aber vom Marktplatz aus können Sie durch die Passage beim Eingang des Gemeindehauses gehen. Lassen Sie sich nicht vom Gittertor abschrecken. Vermutlich sitzen bei schönem Wetter ohnehin Menschen an den Tischen des Freiluftrestaurants, das hier noch nicht allzulange existiert. Ein paar Meter jenseits des Marktplatzes befindet sich jedenfalls ein veritables Idyll, und zunächst dürfte Sie höchstens die ummauerte Lücke im Zentrum des Platzes darauf stoßen, daß wir uns auch hier, wie schon bei der Rathaustiefgarage, auf „luftigem Grund" bewegen. Gepflanzt wurden überwiegend Sträucher, aber wenn Sie genau hinschauen entdecken Sie sicherlich auch ein paar kleine „tapfere" Bergahornstecken. Links der Lücke wächst eine Eberesche. Vergleichen Sie sie mit den beiden Exoten zur Hirschgasse hinüber, die links und rechts eines Gartentörchens stehen: das sind zwei Essigbäume (Rhus typhina). Ihre Blattfieder sind schmaler und spitzer als bei der Eberesche, im Juli fallen die violetten, kerzenartig nach oben ragenden Fruchtstände auf.

Zur Hirschgasse hinüber stellt sich die Frage, wo eigentlich die Kiefer nahe der Mauer eines der Häuser losgewachsen ist. Dies ist ein restauriertes altes Haus, und irgendwo muß ja wohl der alte Grund auch hier an die Wände gestoßen sein. Tatsächlich läßt sich zumindest im Winter erkennen, daß der Baum oben auf der neuen Anlage gesetzt wurde. Schließlich können Sie in Richtung auf unser nächstes Ziel in die Tiefe steigen. Rechts der Treppe wächst wieder eine mehrstämmige Eibe, nicht so verborgen wie in der Seelhausgasse, aber dennoch mit einem ganz dunklen versteckten Innenbereich. Eiben sind einfach immer etwas geheimnisvoll. Kommen Sie an einem trüben Novembertag hierher, wenn niemand in der Nähe ist, und sprechen Sie dann das kleine Gedicht von Theodor Fontane:

Die Eibe
schlägt an die Scheibe
Ein Funkeln
Im Dunkeln
Wie Götzenzeit, wie heidentraum
Blickt ins Fenster der Eibenbaum.

Beim Café Hirsch, Hirschgasse (**28**):

Sie hocken sich hin und bestellen Kaffee und Eis. Die Sonne hält sich in Grenzen. Richtig, da steht doch ein Baum und beschattet so schön die Cafétische. Es handelt sich bei ihm um einen Götterbaum, eine aus China stammende Bittereschen-Art, die ab 1751 in Europa eingeführt wurde. Von dieser tropischen Baumfamilie mit etwa 150 Arten gedeihen nur drei Baumarten auch in Mitteleuropa. Im wissenschaftlichen Namen Ailanthus altissima stecken (malaiisch) „Götter(baum)" und (lat.) „am höchsten",

[A10] An der Hausfront hinter den Tischen wächst nebenbei ein zweiter Baum kräftig an der Wand hoch. Was ist es für einer?

und dieser eigentümliche Name wurde von einer verwandten Art auf den Molukken im indonesischen Archipel übernommen. In China wuchs er vor allem neben Tempeln, was den Ursprung seines Namens erklärt.

Vor dem Schloß hatten wir bereits auf Ähnlichkeit und Unterschiede des Blattwerks zur Esche hingewiesen: gut erkennbar sind die typischen breiten Zacken am Grund der Fiederblättchen. Nach dem Zweiten Weltkrieg gehörte der Götterbaum zur charakteristischen „Trümmerflora" im zerbombten Deutschland. (Die hier beschriebenen Götterbäume wurden allerdings im Zuge der Altstadtsanierung gesetzt.) Das hängt damit zusammen, daß Götterbäume sehr widerstandsfähig gegen Abgase, Rauch und Trockenheit sind und somit gut geeignet für Innenstädte und Industriegebiete. Leider bedeuten diese Eigenschaften aber keineswegs, daß solche Bäume keine Schwierigkeiten bekommen könnten.

Ein Hauptproblem für Stadtbäume findet sich nicht auf, sondern unter der Erde. Versuchen Sie sich einmal vorzustellen, womit der Tübinger Untergrund gefüllt ist: Da verlaufen Kanalisationsrohre, Kabelrohre und andere zivilisatorische Notwendigkeiten in großer Zahl! Für ein natürlich sich ausbreitendes Wurzelwerk ist oft einfach kaum noch Platz! Aus diesem Grund erreichen Stadtbäume oft keineswegs ihre mögliche Größe und sind manchmal schon von Anfang an regelrecht todgeweiht. (Ein Beispiel für letzteres sind die Kastanien, die bei der Blauen Brücke im Zuge des Ausbaus von Hegel/Reutlinger Straße als „Ersatz" für ihre altehrwürdigen Vorgänger gesetzt wurden.) Wegen der Wurzelprobleme werden auch nur selten flachwurzelnde und schneebruchgefährdete Bäume wie zum Beispiel die Fichte gepflanzt. (Weiteres zu diesem Thema am Schimpfeck, ☞ S. 99!) Allerdings hat auch der Götterbaum nicht nur „göttliche" Eigenschaften: Er vermehrt sich so intensiv durch Wurzelbrut (das ist ein natürlicher Stockausschlag an den Wurzeln), daß er in warmen Gebieten als Straßenbaum lästig wird. Ihn oberirdisch abzuschlagen reicht dann nicht, der Baum wächst hartnäckig wieder aus den Wurzeln herauf. Zerrieben entlassen die Blätter einen sauren, unangenehmen Geruch nach alten Tennisschuhen. (Haben Sie sich schon beim Eisessen über die vielen Tennisspieler in ihrer Umgebung gewundert?)

> (A11) Wenn Sie die Hirschgasse an der Johanneskirche vorbei weitergehen, finden Sie an der Ecke zur Langen Gasse Götterbaum Nummer 2. Weiter Richtung Stadtgraben steht neben der Buchhandlung Linie 1 die Nummer 3. Vergleichen Sie die drei Exemplare. (Sie wurden zur gleichen Zeit gesetzt!)
> Welchem geht es wohl am besten, welchem weniger gut und welchem am schlechtesten? Haben Sie eine Idee, woran das liegen könnte?

Um die Johanneskirche herum (29):

Entlang der Johanneskirche, auf dem nur tagsüber zugänglichen Weg zwischen Froschgasse und Langer Gasse, stehen einige Roßkastanien. In eine davon wurde ein Abflußrohr geschlagen. Es sollte Wasser aus der Astgabelung abfließen lassen, diese dadurch trockenhalten und so vor Fäulnis schützen. Inzwischen ist eine solche Maßnahme antiquiert. Heute weiß man, daß Pilzbefall in der Gabelung ohne künstlichen Abfluß weniger wahrscheinlich ist, weil diese Stelle normalerweise zu naß für Pilzbefall ist. (Denken Sie an die Naßlagerung von

Holz, wie sie zum Beispiel nach dem Orkan Wiebke ab 1991 für einige Jahre auf den Wiesen beim Festplatz praktiziert wurde.) Da dieser Baum bereits pilzbefallen ist, wurden die drei starken Äste sicherheitshalber zusammengebunden. Die Bäume insgesamt werden hier genau beobachtet, denn es geht ihnen Jahr für Jahr schlechter.

Links vom Eingang der Kirche finden Sie eine Zweier- und eine Dreiergruppe einer Nadelbaumart. Sie wirft – was bei Nadelbäumen ja ziemlich selten ist – ihre Nadeln im Herbst ab. Es handelt sich aber nicht um eine Lärche, unsere bekannteste Nadelholzart, die solches tut, sondern um einen Urweltmammutbaum, eine Metasequoia glyptostroboides. Charakteristisch für den Urweltmammutbaum ist die streifige, rotbraune Faserrinde. (Der Nadelbaum ohne Namen vor dem Schloß ist ein ebensolcher.) Lebende Bäume dieser Art wurden erst 1941 in China entdeckt. Bis dahin war der Urweltmammutbaum nur als Fossil bekannt. Er gedeiht hier offensichtlich wegen des ehemaligen Sumpfgeländes der Ammerniederung gut und hat ein für Nadelholz sehr ergiebiges Holz, was man – laut dem Kirchendiener von St. Johannes – bei Osterfeuern mit abgestorbenen Ästen dieser Bäume schon überrascht feststellte.

In der Stadt werden Nadelbäume unter anderem deshalb selten gepflanzt, weil sie (vor allem die Kiefer) im unteren Stammteil an Ästen verarmen und dann Funktionen wie Sicht- und Lärmschutz nicht mehr wahrnehmen. Nur Tannen und Douglasien können an sogenannten schlafenden Augen auch weit unterhalb der Krone einen Neuausschlag bilden. Kiefern gelten zudem in der Stadt als wenig ästhetische Bäume, worüber sich sicher streiten läßt. Aus einigen Metern Entfernung Richtung Hirsch betrachtet erwecken jedenfalls die beiden straßennahen Urweltmammutbäume den Eindruck, als schmiegten sie sich wie zwei Liebende aneinander.

Machen Sie noch einen Abstecher die Rollstuhlrampe seitlich der Kirche hinauf. Da tauchen drei Bäume auf. Als erstes eine kleine Esche, die sich zwischen den Wänden links und rechts behauptet. Hinter dem Häuschen linkerhand wächst ein schöner Holunder vielstämmig empor. Und unmittelbar an der Rampe vertieft eine Eibe wieder einmal den abgelegenen, fast düsteren Charakter dieses Stadtwinkels. Auf eigentümliche Weise haben jedoch alle drei Bäume durch ihre Mythologie etwas miteinander zu tun, und diese Bedeutung ist überhaupt keine der Düsternis.

Vom (schwarzen) Holunder (Sambucus nigra), der als Strauch oder kleiner Baum wächst, haben wir noch wenig erzählt. Er verdankt seinen Namen der guten Frau Holle, die aber keineswegs nur eine gute Märchenfee war. Holla, Holda oder mit anderem Namen *Perchtha* (wovon sich „Bertha" ableitet) war eine germanische Göttin, die Mensch und Tier schützte, und ihr Name bedeutet eigentlich: die Strahlende. (Denken Sie an ein „holdes Geschöpf"! Im Schwäbischen heißt der Holunder auch „Holder".) So war sie auch eine Göttin der Fruchtbarkeit, und trotz des christlichen Verbots, ihr zu „huldigen", scheute man sich noch im 18. Jahrhundert mancherorts, einen Holunderbusch zu fällen. Ein schlesischer Brauch aus dem 17. Jahrhundert besagte:

> Bevor man etwas Holz vom Holunderstrauch bricht, muß man die Hände falten, niederknien und den Strauch bitten:
> Frau Elhorn gib mir was von deinem Holze, denn will ich dir von meinem auch was geben, wenn es wächst im Walde.

In hessischen Hexenakten steht dagegen folgendes:
> Frau Holle were von vorn her wie ein fein weibsmensch, aber hinden her wie ein hohler Baum von rohen Rinden.

Dabei zählt der Holunder bis heute zu den verbreitetsten Volksheilmitteln. Fast alles von ihm, der zur Familie der Geißblattgewächse gehört, läßt sich gesund verwenden: Holunderblütentee (auch Fliedertee genannt) hilft bei Erkältungskrankheiten vielerlei Art und lindert auch Kopf-, Zahn- und Ohrenschmerzen. In der Küche werden die Dolden der Pflanze mit Mehl und weiteren Zutaten zu Holunderküchle verbacken, und Holunderblütenlimonade können Sie in Tübingen in einigen Gaststätten und Cafés bekommen. Aus den reifen Früchten wird Farbstoff für Lebensmittel gewonnen. Das ist natürlich nur eine kleine Auswahl der Reichtümer, die der Holunder schenkt.

Über sein Aussehen läßt sich gleichwohl streiten. Vor allem im Winter steht er krumm und knorrig da mit seiner zerfurchten Rinde, und seine Äste scheinen gleich abfallen zu wollen. Aber in der Blüte, wenn zwischen April und Juni die schirmartigen Blütenstände mit ihren zahlreichen cremeweißen Krönchen auftauchen, scheint sich die Göttin ein wenig zu zeigen, und im Sommer, vor allem, wenn er als Baum daherkommt, ist er doch wirklich ein ganz fröhlich stimmender Geselle mit seiner hellen Rinde und den üppigen Fruchtständen. Jedenfalls wächst der Holunder fast überall, anspruchslos, wie er ist, und wir haben ihn ja auch bereits an einigen Orten in der Stadt angetroffen.

Was aber hat dieser Baum des Lebens mit der benachbarten Eibe zu tun? Nun, Hildegard von Bingen, die große Mystikerin, soll vor 800 Jahren über die Eibe gesagt haben: „Der Ybenbaum ist ein Sinnbild der Fröhlichkeit." Hoppsala! Aber von jemand gesprochen, die an die Auferstehung nach dem Tode glaubte, verliert das an Rätselhaftigkeit, und so kann die Eibe, in ihrer Langsamkeit des Wachstums und extremen Langlebigkeit, tatsächlich für das Ewige Leben stehen. Schon in vorchristlicher Zeit gab es derartige Rituale um die Eibe. Manche Uralte aus diesem Stamm kann sie noch miterlebt haben. Bei der Esche schließlich erinnern wir an Yggdrasil, den germanischen Weltenbaum. Erhaltendes wie Zerstörendes wirken auf sie ein, vom Himmel bis in die Unterwelt, doch selbst beim Weltuntergang der Sage wird die Esche nur mäßig erschüttert: das Erhaltende setzt sich durch.

So stehen hier neben der Kirche ganz unauffällig drei Bäumchen, die, jedes auf seine Art, das Leben preisen. Sie besitzen nichts weniger als die Majestät der Kastanien auf der anderen Seite, und doch wiegen sie mindestens eben so sehr, dieses umfassende Trio, wenn nicht sogar schwerer, finden Sie nicht?

Bachgasse (**30**):

Der Beginn dieser Unterstadtgasse ist entlang des Möbelgeschäftes recht breit angelegt, und es finden sich hier einige verstreute Topf- und Kastengewächse, die mit den parkenden Autos und abgestellten Fahrrädern einen richtig ungeordnet-normalen städtischen Anblick bieten. Das müssen Sie nicht unbedingt schön finden. Erwägen Sie aber, inwieweit eine ausgewogene Ästhetik auch heute noch ein gewisses Luxusgut darstellt, etwas, das man sich mit genügend Geld und Zeit leisten kann. Eine lebendige Stadt wird aber niemals nur touristische Schokoladenseiten und gräßliche Bausünden aufzuweisen haben. Dazwischen sind unter anderem die vielen Versuche angesiedelt, der mobilen Asphaltgesellschaft immerhin hier ein grünes Plätzchen und dort ein selbst arrangiertes Fleckchen abzutrotzen – wie hier! (Ein anderes, mit viel Liebe privat gestaltetes Plätzchen befindet sich nicht weit entfernt: in der Neustadtgasse, schräg hinter dem Stadtmuseum im Kornhaus!)

Im Boden verankert jedoch ist die kleine Birke, am Ende des offenen Hofbereichs. Allerdings scheint sie entweder einen gewissen besonderen Wert darzustellen, oder aber sie neigt ein wenig zur Aushäusigkeit (Wo wurde diese Birke schon nachts gesehen?!). Erfüllen Sie diese Bemerkungen mit leichter Irritation? Dann müssen Sie genau hinschauen. Wo schließlich sind eigentlich die beiden noch kleineren Birken an der Hauswand verankert?

Eine massiven Kontrast zu diesem Plätzchen können Sie sich einige Meter weiter vor Augen führen: Dort wo die Bachgasse in die Lange Gasse mündet, befindet sich gegenüber eine Tiefgarageneinfahrt. Gehen Sie rechterhand bis zum Törchen des dahinterliegenden eigentümlich gebogenen Kindergartengebäudes. Ein völlig neues Haus, ganz klar – und offensichtlich über der Tiefgarage errichtet! Der Hofbereich wirkt recht ansprechend und schon ziemlich „eingewachsen".

Gehen Sie aber später, auf der anderen Seite dieses Geländes, zu den Öffnungszeiten in die Stadtbücherei und dort in den zumindest in der wärmeren Jahreszeit geöffneten Garten. Vom Zaun aus können Sie wiederum das Kindergartengebäude sehen und links davon, fast an der Wand des Kulturamts eine Linde: Wenn man sichs genau überlegt, dann dürfte sie – ebenso wie jene Kirsche über der Rathaustiefgarage – gerade mal in der Bedeckung der Autohöhle unter ihr wurzeln. Tatsächlich jedoch machten sich die Planer hier mehr Mühe: In der hiesigen Tiefgarage wurde ein Stellplatz ausgespart und ein Erdklotz stehengelassen. Diese Linde steht auf natürlichem Grund, obgleich es um ihre Wurzeln herum, jenseits der Betonwand, höchst benzingeschwängert zugeht.

Zwischen Rümelin- und Schleichstraße (31):
Nun folgt unser nächster Ausflug über die Grenzen der Altstadt hinaus: Wir werden in seinem Verlauf an mehrere Plätze gelangen, die sich durch eine bemerkenswerte Artenvielfalt auf engstem Raum auszeichnen.

Sie überqueren die Ammer auf der Höhe der Langen Gasse und gehen geradeaus weiter Richtung Rümelinstraße. Achten Sie auf den wild-üppigen Kletterbewuchs an den Bäumen entlang des Bachlaufs. Links und rechts vom Fußweg zwischen den Straßen fallen zwei Bäume besonders auf: weitere, hier regelrecht mächtige Ginkgos (den ersten beschrieben wir etwas genauer in der Seelhausgasse, auf S. 49; einen weiteren großen Ginkgo finden Sie in der Uhlandstraße, im Garten eines der Wohnhäuser nahe beim Uhlanddenkmal). Linker Hand, unmittelbar nach der Ammer begegnen Sie auch einem Obstbaum, einer Kirsche. Im Winter läßt sich die Kirsche leicht an der waagerecht gebänderten Rinde von den anderen Obstbäumen unterscheiden. Auf der gegenüberliegenden Seite der Rümelinstraße führt ein Treppenaufgang durch einen Torbogen zu den Kliniken hinauf. Beachten Sie die Mauern entlang der Treppe:

in den Ritzen wohnen Eidechsen. Wenn die Sonne auf die Mauer scheint, können Sie vielleicht eine entdecken.

Unmittelbar an die Rümelinstraße grenzt eine Art Terrasse. Von dort haben Sie einen guten Blick zurück in Richtung Stadtgraben. Zwischen der Terrasse und dem kleinen runden Häuschen steht eine Robinie mit ihren völlig ungezähnten Fiederblättchen. Die Schalen der bohnenförmigen Früchte vom Vorjahr hängen bis weit ins nächste Frühjahr hinein am Baum (mehr zur Robinie auf S. 97). Auf der Fortsetzung des Weges nach oben treffen Sie auf weitere Robinien sowie viele Exemplare des Bergahorns, die im ganzen Stadtgebiet wild wachsen. Neben der Robinie finden Sie vor allem rechterhand einen Wildwuchs aus Sträuchern und kleinen Bäumen, unter anderem mit zwei zu den Rosengewächsen gehörenden kleinen Obstbäumen. Wir haben sie nicht näher bestimmt. Sie sind höchstwahrscheinlich wild gewachsen.

Auf der rechten Seite am oberen Ende des Treppenaufgangs gerät Ihnen eine Stieleiche ins Blickfeld. Achten Sie auf die Äste. Sie sind gestutzt. Aufmerksamen Treppensteigern entgehen aber auch nicht die kleinen Ulmensträucher auf gleicher Höhe an der linken Seite, zwischen weiterem Strauchwerk, doch eindeutig erkennbar am unsymmetrischen Blattansatz. Hinter diesen aufragend stehen große Schwarzkiefern. Sie sind in Südeuropa heimisch, anspruchslose und hitzebeständige Bäume. (Zur Unterscheidung dieser Art von der Waldkiefer sei auf den Abschnitt „zwischen Schleich- und Rümelinstraße" auf S. 81 verwiesen.) Versäumen Sie am oberen Ende des Treppenaufgangs nicht den Blick zurück auf die Altstadt!

An der Schleichstraße gegenüber der Augenklinik befindet sich ein kleiner Park mit auffallend abwechslungsreicher Baumbepflanzung. Vom Treppenaufgang kommend ist links zuerst eine Blutbuche zu entdecken, deutlich erkennbar an den typischen ovalen Buchenblättern, die vor allem in den oberen Ästen dunkelrot sind.

Der Zugang zum Parkweg befindet sich am jenseitigen Ende der Anlage. Hierher zurückkehrend passieren Sie als erstes eine Kirsche rechts auf der Wiese. Auf der Innenseite der Wegkehre steht ein auffallend großer, baumförmiger Lebensbaum (Thuja) mit seinen nadeligen, schuppigen und immergrünen Blättern. Er ist der mächtigste im Gebiet dieses Führers. Die kleinen Zapfen zeigen, daß er zu den Koniferen (zu deutsch: zapfentragend) gehört.

Die Gattung Thuja wird durch sechs Arten aus Nordamerika und Ostasien gebildet. Der griechische Name „Thuja" bedeutet „wohlriechendes Holz" und bezeichnet eine wichtige Eigenschaft dieser Bäume, die sich allerdings nicht nur auf das Holz bezieht. Der Riesen-Lebensbaum wird in seiner Heimat, die von

Alaska bis nach Kalifornien reicht, bis zu 60 Meter hoch. Das Holz ist dauerhaft und wertvoll. Die Indianer bauten daraus ihre Totempfähle. Die Blätter riechen nach Ananas. Der morgenländische Lebensbaum ist eine der ersten Arten, die aus China nach Europa kamen (1752). Dagegen ist der abendländische Lebensbaum höchstwahrscheinlich die erste nach Europa gebrachte nordamerikanische Holzart. Das geschah um 1539. Auffallend ist, daß er bei einer Kronenhöhe von bis zu 20 Meter höchstens zwei Meter (!) breit wird. Die ganze Pflanze hat einen strengen Duft. Der wissenschaftliche Name Thuja standishii für den Japanischen Lebensbaum erinnert an J. Standish, einen Gärtner, der diese Art erstmals in Europa anzog. Stark zerrieben riechen die Blätter nach Zitrone und Eukalyptus. Dagegen riecht der Koreanische Lebensbaum geradezu appetitanregend nach Obstkuchen mit Mandeln und etwas Zitrone.

So, und jetzt probieren Sie einmal vor Ort! Der dunkelgrün benadelte Baum nebenan ist eine Eibe. Hier ist ihre typische Wuchsform, die Teilung in ein ganzes Stammbüschel, gut zu erkennen. Daneben macht ihr ein weiteres Büschel aus mehr als zehn Lindenstämmen fast noch eindrucksvollere Konkurrenz. Einige von deren Ästen ragen fast bis zum Weg und in den Beginn der Laube hinein. Aber schauen Sie genau hinein in das wilde Gewirr: Weit vorne ist ein Stämmchen fast hilflos schräg nach rechts gewachsen, seine Blätter muß man schon suchen: ein kleiner Apfelbaum. Und irgendwie mischt auch noch ein Spitzahorn darüber mit. Bis zum anderen Ende des Gartens treffen Sie immer wieder auf wild wachsende Spitz- und Bergahorne. Innerhalb der Laube entdecken Sie links mehrere kleine (Sauer-)Kirschbäume. Am Ende der Laube links eine Hainbuche, deren Äste sich in das Laubendach integrieren, rechts bildet eine mehrstämmige Haselnuß den Abschluß.

Nach links weist jetzt am Zaun entlang ein nur angedeuteter, ziemlich zugewachsener Pfad in eine regelrechte Strauch- und Baumwildnis, die unmittelbar oberhalb der Rümelinstraße liegt, ein verborgener Ort inmitten der Stadt, an dem die Passanten, nur Meter unterhalb der Stützmauer, vorbeigehen, ohne ihn zu sehen. Dies ist gleichwohl kein unbedingt anheimelndes Fleckchen Erde, und herumliegender Abfall kündet von gleichgültigem Aufenthalt hier – und dennoch: hier scheint die Wildnis, scheinen Unordnung und Ungeregeltheit ein aschenputtelhaftes Refugium bewahrt zu haben. Nach oben Richtung Parkplatz finden Sie links auf der kleinen Wiese eine Zwetschge, gefolgt von einem Holunderstrauch und einer weiteren Zwetschge. Es folgen rechts eine vielstämmige Hainbuche und zwei Platanen, von denen eine mit ihrem wulstigen Stamm recht ansehnlich ist. Nach links führen hier ein paar alte Steinstufen in einen weiteren verwilderten Garten. Wagen Sie sich vorsichtig – und trotz einzelner dorniger Pflanzen – hinein, zwischen der zweistämmigen, kaum tragenden, aber hohen Zwetschge links und der kleinen, ebenfalls zweistämmigen Kornelkirsche rechts hindurch! Es lohnt sich. Eine Fülle von hochstrebenden Gerten verschiedener Arten vermittelt hier eine eindrückliche Ahnung davon, wie mitten in der Stadt der Wald zurückzukehren versucht. Sie können eher auf der linken Seite unter anderem Hartriegel (oval-spitzige, ungezähnte Blätter mit deutlich hervortretenden Blattadern) und weiter drinnen rechts mehrere schon einige Meter hohe Götterbäume (mit den langen vielblättrigen Fiedern) unterscheiden. Hübsch verwunschen das Plätzchen mit der halb zugewachsenen Bank und der zweistämmigen Eberesche nebendran. Besonders eindrücklich aber ist im Zentrum des Wildgartens ein einzelner langer Bergahornast: er liegt am Boden und wächst hier weiter, eine regelrechte Kriechpflanze. Aus nicht ganz ersichtlichem Grund hat er sich für diese Suche nach Licht und Leben entschieden. Ob er noch in die Höhe finden wird? Und schließlich haben Sie sich hoffentlich vorsichtig bewegt, damit an diesem Plätzchen keine abgeknickten Äste zurückbleiben – denn bleiben Sie weiter am Boden: lauter winzige Bergahorn- und Eichenschößlinge wachsen zu Ihren Füßen; auch die nächste Wuchsmannschaft des Waldes ist schon unterwegs.

Möge abschließend die Beschreibung dieser ungebärdigen Orte nicht dazu beitragen, daß gestaltete Ästhetik auch sie erobert. Gehen Sie doch einfach weiter ... Sie können oben vor der Augenklinik entweder nach links über die Van-Hoddis-Staffel zurück in die Altstadt hinuntersteigen oder rechts weiter die Schleichstraße entlanggehen.

Entlang der Van-Hoddis-Staffel (32):

Wiederum stoßen Sie auf eine Vielfalt an Bäumen, wo eines Mannes – Jakob van Hoddis – gedacht wird, der von 1922 bis 1927 in Tübingen lebte, im Wahnsinn endete und 1942 in einem polnischen Vernichtungslager ermordet wurde. Er schrieb eines der berühmtesten Gedichte vom Ende des bürgerlichen Zeitalters und dem Heraufsteigen der Apokalpysen zu Beginn des 20. Jahrhundert:

Weltende
Dem Bürger fliegt vom spitzen Kopf der Hut,
In allen Lüften hallt es wie Geschrei.
Dachdecker stürzen ab und gehen entzwei,
Und an den Küsten – liest man – steigt die Flut.

Der Sturm ist da, die wilden Meere hupfen
An Land, um dicke Dämme zu zerdrücken.

Die meisten Menschen haben einen Schnupfen.
Die Eisenbahnen fallen von den Brücken.

Ist dieser Text eine Vision irgend „schicksalhafter Ereignisse" oder nicht eben so sehr eine Ahnung der neuen „Wildnis", die wir selbst uns geschaffen haben – und schaffen? Im Jahre des Herrn 1998 findet sich im *Stern* eine ganzseitige Werbung für einen neuen vierradgetriebenen Edeljeep, in der vollmundig (und nicht sonderlich ironisch) von der Wildnis in unseren Städten die Rede ist und eine ungefähr zehnspurige Autostraße mit wildem Verkehr als Illustration dient. Wandern Sie die Staffel hinauf und hinab, lassen Sie sich den Hut vom Kopf wehen, wenn ein Wind über die begrünten Flachdächer vom Parkhaus König bläst, und finden Sie Ruhe beim Identifizieren der Bäume:

Wo zunächst erst einmal die Schleichstraße zum Weg wird, sind zwei Götterbäume zu passieren. Beim Wegknick nach rechts stoßen Sie auf eine dicht mit Efeu umwachsene Robinie. Ein Bergahorn folgt. Unmittelbar in der Wegspitze stehen kleine Holunder. Aber schauen Sie vor allem nach gegenüber: Am Hang des Hohlweges wächst eine Gruppe von Eschen empor. Doch einstmals wurden sämtliche vier Grundstämme gekappt. Zwei von ihnen setzten neu mit kräftigem Wachstum ein, um dann in cirka einem Meter Höhe erst zusammenzuwachsen und bald darauf aufs neue auseinanderzustreben, jetzt endgültig. Drum herum kleinere Ausschläge und Stämmchen. Was für eine Gruppe!

Sie gelangen rasch zum Parkhaus König. Am Brückchen aufs Dach stehen Spitzahorne, linkerhand Robinien und rechts kleine Eichen. Dahinter sind Kiefern zu erkennen. Auf der Dachwiese weiterwandernd läßt sich fast vergessen, worauf man gerade läuft, oder? Im Sommer hochgeschossen wird der Bewuchs geschnitten, als wäre dies hier eine echte Heuwiese. Das Sperrgeländer stört, aber eigentlich ist der Ort nicht unangenehm. Dies ist aber nur eine Seite der Medaille, was die ganze Parkhausanlage betrifft.

Jenseits der Wiese beherrscht eine Fichte mit schöner gleichmäßiger Kronenwölbung den nahen Horizont. Nebst einer kleinen Eiche zwischendrin dominieren Kiefern das Gesträuch am Hang, auch weiter die Treppen hinunter. Beim zweiten Parkdeckeingang steht eine Hainbuche. Unten angelangt fallen rechts zwei Lindengruppen auf. Eine von ihnen trägt eine schöne Mistel. Die ist ein Halbparasit, das heißt, sie besitzt zwar Blattgrün und ist zur Photosynthese fähig, braucht jedoch ihren Wirt, um über dessen Leitsystem Wasser und Nährsalze aus dem Boden zu gewinnen.

Aber betrachten Sie doch jetzt einmal die Straße am Parkhaus entlang (dies ist die andre Seite der Medaille): Der Mann mit dem Hut läßt uns noch keine

Ruhe. Da sah es nämlich bis Mitte der siebziger Jahre noch völlig anders aus. Es gab keine vierspurige Straße. An einem idyllischen Gasthof vorbei (Von dem nur sein Name übrigblieb: das Parkhaus trägt ihn!) schienen die StudentInnen, die zur kurz zuvor entstandenen Uni Morgenstelle hinauf wollten, geradezu die Stadt zu verlassen, auf baumgesäumter schmaler Straße. Gegen den Ausbau des Nordrings gab es heftige Proteste, die letztendlich aber ohne Erfolg blieben. Bläst einem da nicht die Überraschung (der Schrecken) durchs Gehirn?

Dies war die hohe Zeit des Straßenbaubooms, wenngleich einige Jahre zuvor immerhin verhindert werden konnte, daß ein weiteres unmäßiges Projekt, die Nordtangente, verwirklicht wurde: Gleich gehen Sie wieder zur Altstadt hinüber. Aber hoppla! Den Herren der (Auto-)Verkehrsentwicklung zufolge müßten Sie dabei eine vierspurige Schnellstraße überqueren, von der Weststadt zum Lustnauer Tor/Schimpfeck ziehend, die der Altstadt keine halbwegs grüne, sondern eine schwarz-grau-beherrschende Begrenzung völlig anderer Art verpaßt hätte.

Dieses Projekt starb eines erhofften Todes, und das verwirklichte? Gehen Sie vom Ende der Van-Hoddis-Staffel noch ein paar Meter am Parkhaus König vorbei, bis Sie den Nordring hinaufsehen können. Erkennen Sie, was aus dem vierspurigen Ausbau wurde? Zwei Spuren dienen mittlerweile als Parkplätze, sonnenenergiegetrieben bewirtschaftet in diesen Endneunzigern, während die seither viel zahlreicher gewordenen Stadtbusse hinauf zur Universität fahren und für die Hinauftramper bei der Ampel sogar eigens Fahrradanstellplätze geschaffen wurden.

Es gab in den achtziger Jahren viele „Alternative" und „Grüne", die das Ende des kranken Waldes (und der Zivilisation) noch vor die Jahrtausendwende prognostizierten. Die Voraussage war in ihrer besorgten, manchmal bemühten Radikalität falsch. Aber beweist das etwas Endgültiges? Hier ist nicht der Ort für eine gesellschaftspolitische Diskussion, aber lassen Sie sich doch von diesem eigentümlichen Vergangenheits/Gegenwarts-Ort um das pflanzenbedachte Parkhaus herum anregen, über die tatsächlichen Veränderungen der letzten 20, 30 Jahre im Umgang mit Natur und Stadt nachzudenken, über die realen Bedingungen heute, mit denen wir ins dritte Jahrtausend gehen werden, über die Möglichkeiten, die wir heute haben und gestern nicht sahen, die wir heute auch nicht mehr haben, die unwiderruflich vergangen sind wie ein fast idyllischer Straßenbaumbestand, wie ein altes schönes Gasthaus, von dem Sie bis eben – sofern Sie nicht zu den Alteingesessenen gehören – noch gar nichts gewußt haben mögen. Folgen Sie vorsichtig Ihrem Hut, falls er ein weiteres Mal davongeweht werden sollte.

Zwischen Schleich- und Rümelinstraße (Kinderklinik) (**33**):

Anstatt der Staffel zu folgen, verläuft die andere Variante die Schleichstraße abwärts Richtung Kinderklinik. Hier fällt Ihnen sicher in etwa 200 Metern Entfernung ein Nadelbaum auf. In die Nähe gekommen, können Sie ihn anhand der Rinde als Schwarzkiefer (Pinus nigra) identifizieren – oder aber schon vorher an den im Vergleich zur gemeinen Waldkiefer (Pinus sylvestris) dunkleren Nadeln. Die Rinde der Schwarzkiefer hat sehr dunkle, fast schwarze Flecken neben hellen, gräulichen. Die Rinde der gemeinen Kiefer besitzt dagegen einen eher bräunlich roten Farbton. Die Schwarzkiefer kommt natürlicherweise im Mittelmeerraum vor.

Zur ungewöhnlichen Häufung gerade in diesem Klinikbereich ein Kommentar aus dem Liegenschaftsamt, das hier im landeseigenen Universitätsgelände auch für die Verwaltung und Pflege der Bepflanzung zuständig ist: „Manche Profs haben eben eine Vorliebe für bestimmte Bäume". Noch drei weitere Prachtexemplare der Schwarzkiefer finden Sie ganz in der Nähe des der Schleichstraße zugewandten Eingangs zur Kinderklinik.

Entlang der Schleichstraße weiter abwärts gehend, treffen Sie neben der Frauenklinik auf eine Reihe großer alter Linden. Der erste ist weder eine Sommer-, noch eine Winterlinde, sondern eine Silberlinde (Tilia tomentosa), unterscheidbar von den beiden anderen durch die grau- bis weißfilzige Unterseite ihrer Blätter. Sie können sie gut mit dem folgenden Baum, einer Winterlinde, vergleichen. In der Gruppe kurz vor der Kreuzung mit der Liebermeisterstraße weisen zwei mächtige Exemplare deutliche Spuren von Baumpflegemaßnahmen auf: Am Stamm wurden in ein bis zwei Meter Höhe Eisenstangen horizontal durch den Baum gerammt. An der Rinde sieht man noch die Überwachsungsstellen. Die Stangen selbst sind zu erkennen, wenn Sie in die Hohlräume der Bäume hineinschauen. Weiter oben am Baum werden die großen Äste mit Ketten oder mit Stahlseilen zusammengehalten. Diese Pflegemaßnahme wurde Anfang der achtziger Jahre durchgeführt und war notwendig, um Längsrisse und Spaltung der Bäume zu verhindern.

Die Linden sind jetzt inzwischen 80 bis 100 Jahre alt. Man könnte sich ketzerisch fragen, ob es nicht einfacher wäre, die geschädigten Bäume zu entfernen und neue zu pflanzen. Aber tatsächlich bedeutet es auch beträchtlichen Aufwand, um einen Baum in der Stadt erfolgreich zu setzen und zu pflegen, so daß die Verantwortlichen im Liegenschaftsamt die schon vorhandenen schönen, wenn auch angeschlagenen Bäume so lange wie möglich stehen lassen wollen. 100 Jahre sind, wie wir am Kelternplatz sahen, für Linden letztendlich kein Alter. Die ältesten Bäume im Stadtbereich sind nebenbei die Linden der Lindenallee zwischen Europastraße, Neckar, Sportanlagen und B28-Brücke. Sie wurden im 16. Jahrhundert gepflanzt.

Zurück in die Altstadt können Sie nun die Liebmeisterstraße hinunter zur Rümelinstraße gehen und von dort durch den Alten Botanischen Garten oder weiter entlang der Rümelinstraße. Auf beiden Wegen stoßen Sie sowohl auf bekannte einheimische Baumarten als auch auf fremde und eingebürgerte Arten. Zwei besondere Exemplare wollen wir erwähnen. Unmittelbar bei der Dreiergruppe von Schwarzkiefern, zu der Sie auf dem Krankenwagen-Fahrweg von der Liebermeisterstraße aus gelangen, steht ein sehr eigentümlicher Baum: Nicht sonderlich hoch gewachsen teilt sich sein Stamm in mehrere starke Äste, die derart verkrümmt und verbogen nach außen streben, daß es scheint, als haben sie sich regelrecht verknotet. Von der solcherart breit ausladenden Krone hängen Zweige mit Blattfiedern herab und umschließen einen nahezu runden Innenraum. So exotisch dieser Baum aussieht, ist er doch eine Varietät unserer gewöhnlichen Esche, und zwar eine Hängeesche (Fraxinus excelsior 'Pendula'). Unten an der Rümelinstraße dann befindet sich bei der Einfahrt zum Dienstparkplatz der ehemaligen Kinderklinik eine in der Stadt selten anzutreffende Roteiche (Quercus rubra), die aus Nordamerika bei uns eingeführt wurde. Sie steht vor den beiden Stieleichen links und rechts der Klinikeinfahrt ein wenig im Schatten des größeren dieser heimischen Nachbarn und zeichnet sich durch ihre recht großen, spitz zulaufenden Blattlappen aus. Im Herbst färben sich ihre Blätter dunkelrot. Aufgrund des im Vergleich zur Stieleiche schnelleren Wachstums hat die Roteiche in unseren Wäldern forstwirtschaftliche Bedeutung erlangt.

Hintere Grabenstraße, Richtung Kelternplatz (**34**):

Zwei bisher unauffällige Bäume zwischen Graben- und Hinterer Grabenstraße wurden durch den Abriß von Hölderlin- und Uhlandschule 1997 ins Licht gerückt – und starben im Jahr darauf einen verspäteten Tod: eine weitere Gleditschie (vgl. Faules Eck, S. 17) und ein Maulbeerbaum. Was gibt es über gefällte Bäume zu sagen? Wir wollen hier kein ökologisch-reines Klagelied anstimmen, sondern eine kleine Geschichte erzählen.

Zunächst lohnt wieder einmal ein Blick auf zwei Abbildungen (rechts) aus dem Führer „Der merk-würdige Baum": So sah es hier bis 1996 aus. Die Gleditschie (links) war nach unseren Recherchen das höchste dieser (meist) dornigen Gewächse in der Innenstadt. Sie beschattete mit der Maulbeere (rechts) den Schulhof von Uhland- und Hölderlinschule. Wir waren uns mit dem „merk-würdigen Baum" nur über die Stachligkeit dieses Exemplars nicht einig. Unse-

rer Meinung nach gehörte es zu den dornenlosen Kulturformen der Gleditschie, die heute bevorzugt werden (aus Sicherheitsgründen, klar!).

Der Maulbeerbaum (Morus alba) ist eigentlich eine sehr seltene Baumart in der Stadt, sein hiesiger Standort besaß aber eine ganz eigentümliche Logik. Zunächst einmal ist nach den Maulbeeren eine ganze, meist tropische Pflanzenfamilie benannt, die Maulbeergewächse. Zu dieser Familie gehören auch der Osagedorn und die Feige. Die Blätter des Weißen Maulbeerbaums (der hier stand!) sind das bevorzugte Futter der Seidenspinnerraupe. Vor der Verpuppung zum Schmetterling wickelt sich die Raupe in einen Kokon aus Seidenfäden ein. Nachdem die Chinesen vor cirka 5000 Jahren die Verwendbarkeit der Fäden entdeckt hatten und wegen der Schönheit der daraus gefertigten Stoffe, wurden der Schmetterling und sein Nahrungsbaum seither kultiviert.

Ehe Sie jetzt neugierig auf die Suche nach stehengebliebenen Maulbeeren und pflückreifer Seide im immer interessanter werdenden Tübingen gehen: der Weiße Maulbeerbaum ist frosthart genug, um auch in gemäßigten Breiten gedeihen zu können. Der Aufbau einer Seidenindustrie in Deutschland seit dem 16. Jahrhundert schlug allerdings fehl. Aber: während des Zweiten Weltkrieges wurde diesbezüglich ein letzter Versuch unternommen, um wertvolle Fallschirmseide aus heimischer Produktion zu gewinnen. Zu diesem Zwecke wurden Maulbeerbäume gepflanzt, öfter in Schulnähe. Warum gerade dort? Vielleicht gab es hier ungenutzte Platzreserven in geschützten Lagen. Auch gab es billige Arbeitskräfte: eine ältere Teilnehmerin bei unseren Stadtführungen erzählte, daß sie in ihrer Kindheit (allerdings nicht in Tübingen) mit MitschülerInnen an der Fütterung der Seidenraupen beteiligt war, die in einem Schulraum untergebracht waren. Von den nahebei gepflanzten Maulbeerbäumen mußten täglich die Blätter herangeschafft werden. Der Gestank bei den Tieren sei nichts sehr Angenehmes gewesen.

Die neben dem Baum stehende Hölderlinschule verschwand jedenfalls vor den Bäumen. Der Anblick änderte sich drastisch, wie das Foto aus der kurzlebigen Parkplatzära zeigt. Beide Bäume sind gut zu erkennen. Es sah während dieser

Jahresfrist so aus, als bewahrte die Vergangenheit noch einen Ausläufer in die Gegenwart: kannte man die (auch hier wahrscheinliche) Pflanzgeschichte, dann konnte diese Maulbeere auf hübsch vertracktem Umweg an die abgerissene Schule erinnern. Auch diese Möglichkeit ist jedoch mittlerweile Geschichte: für die Neubebauung des Areals mußten beide Bäume im Frühherbst '98 ebenfalls weichen. Es sind wohl die Geschichten und Bilder um Gleditschie und Maulbeere, die uns ihr Verschwinden eindrücklicher machte, als dies bei anderen Fällungen der Fall war.

Nun hätten wir immerhin an derselben Stelle von neugesetzten Nachfolgern der beiden Veteranen berichten können. Entlang der ganzen Hinteren Grabenstraße wurden nämlich in den letzten zehn Jahren Birnbäume (Pyrus caleriana) gepflanzt. Sie eignen sich als Stadtbäume bei engen Platzverhältnissen, weil sie einen relativ schlanken Wuchs haben und zu den wenigen kleinkronigen Bäumen für diesen Zweck zählen. Übrigens war die Wildform der Birne, als Nachfolgerin der Eberesche, zum Baum des Jahres 1998 bestimmt worden.

Diese Hervorhebung erfolgt durch ein Kuratorium, bestehend aus Personen und Verbänden der Forstbotanik und des Naturschutzes. Das Kuratorium wählt jedes Jahr einen Baum nach den Kriterien 'ökologischer Wert', 'Schönheit' und

'Gefährdung' aus, und das erscheint uns auch als eine sehr positive Initiative. Allerdings fällt uns gleichzeitig der „Mann des Jahres" ein, den das amerikanische TIME-Magazine jedes Jahr kürt. Welch ein Unterschied! Hie das vorbildhafte zukunftsweisende Mannwesen, da das eher gebeutelte, unter Umständen existenzbedrohte Baumwesen. Wir werden erst zufrieden sein, wenn auch die Birne auf der Titelseite des SPIEGEL erscheint – und nicht mehr gefährdet ist!

Haben Sie mittlerweile darüber gerätselt, wo denn diese ominösen Birnbäume zu finden sein sollen? Nun, nennen wir es doch einen kleinen Schildbürgerstreich. Die sind nämlich im Zuge der Neubauten auch schon wieder verschwunden. Der Stadtgärtnerei (die ja auch nur Aufträge ausführt!) läßt sich zugutehalten, daß vor einem Jahrzehnt noch unklar war, wie sich die Situation in diesem Areal entwickeln würde. Jedenfalls werden Bäume normalerweise nicht nur für ungefähr zehn Jahre gepflanzt. Gottseidank erzählen wir aber nicht gänzlich von einem weiteren Schemen: Jenseits der Baustelle, ab dem Kino Arsenal, stehen tatsächlich noch zwei der jüngeren Birnen!

Aber die vertrackte Baumgeschichte in dieser Straße ist noch nicht ganz zu Ende. Betrachten Sie das Foto. Es stammt von den Bauarbeiten an der „neuen Stadtmauer", den Nachfolgebauten am Platz der alten Schulen. Wie üblich wurde auf einer großen Zeichnung gezeigt, wie toll alles einmal aussehen würde. Wie wäre es, wenn Sie die Bäume suchen gingen, die im Hintergrund jenseits des Gebäudeklotzes über die Dächer hinausragen. Die beiden Birnen werden sich bedanken! Wir aber schütteln – vielleicht gemeinsam mit Ihnen – etwas hilflos und zornig den Kopf ... über neuerliche Schemen, schöngefärbten Beton und über Verluste.

Schluß damit! Werfen Sie beim Kino einen Blick in das gegenüberliegende Gartengelände: Der Flieder direkt am Zaun scheint mit dem aberwitzigen Stacheldraht als Begrenzung ausgerechnet für den Garten einer

85

religiösen Gemeinschaft auch so seine Probleme zu haben und drückt kräftig dagegen! Weiter drinnen stehen mehrere Obstbäume. Und wenn Sie in die Hofeinfahrt rechts des Gartens hineinspähen, können Sie ganz hinten einen mächtigen Holunderstamm entdecken.

Hintere Grabenstraße, Richtung Nonnenhaus (**35**):

Weitergegangen bis zur Langen Gasse läßt ein Blick in die Fortsetzung der Hinteren Grabenstraße nicht unbedingt viel Grün vermuten. Doch Richtung Nonnenhaus gehend treffen Sie hinter der Gartenwirtschaft auf einen üppigen privaten Garten. (So etwas ist doch der reinste Luxus für Innenstadtgrundstücke, oder?) In der Mitte steht ein Apfelbaum, am Zaun wird eine Birke von Efeu umschlungen, daneben macht sich ein Spitzahorn breit. Von der Birke ist bekannt, daß sie ungefähr in den Zwanziger Jahren gepflanzt wurde. Damit gehört sie zu den verhältnismäßig wenigen Altstadtbäumen, die bereits vor der Altstadtsanierung existierten. Neben weiterem Gehölz finden sich am Zaun auch der für Ziergärten typische Lebensbaum sowie mehrere recht hohe Holunder mit ihren schirmartigen Blütenständen. Dieser Garten ist ein Zauberort. Erinnern Sie sich, daß auf der anderen Hausseite der Verkehr zweispurig Richtung Museum flutet. Dennoch scheint hier die Zeit stillgestanden, fällt es nicht schwer, sich ganz woanders, an einem abgelegenen Ort, in wunderbarer Abgeschiedenheit zu fühlen.

Überhaupt hat sich die so zentral gelegene Hintere Grabenstraße in diesem Teilstück einen recht unstädtischen Charakter bewahrt. Es gibt ein paar Häuser, die nicht herausgeputzt sind. Kinder spielen auf der Straße ... die Birke auf der anderen Seite bildet mit der aus dem Garten fast einen Vorhang aus Blättern über den Asphalt ... wunderschön ist bereits die neue Straßenlaterne von Kletterpflanzen umwuchert ...

An dem alten Schuppen, der den Garten Richtung Nonnenhaus begrenzt, wächst ein Weinstock über Dach und Wand, windet sich über die benachbarten Bäume und Sträucher, und wenn Sie ein wenig zwischen den Gewächsen am Zaun hindurchspähen, werden Sie erkennen, daß Ausläufer bis zum Apfelbaum im Zentrum des Gartens reichen. Es ist eine Kulturtraube, die hier wächst, aber so gesehen ist sie auch ein ganz besonderer „wilder Wein"! Vor dem Schuppen befindet sich ein Rammschutz gegen Autos. Die Gegenwart hat uns wieder.

Jenseits der Häuser gegenüber, im Zentrum des Dreiecks Grabenstraße/Lange Gasse/Nonnengasse, verbirgt sich der Hof des Kindergartens. Die Bändigung von Wildwuchs können Sie hier gleich an zwei Beispielen sehen.

Acht Spitzahorne mußten den Kugelschnitt über sich ergehen lassen. Diese Kugelform wird schon vor der Verpflanzung in der Baumschule angelegt. Anders dagegen die Beschneidung der zwei Bergahorne im gleichen Areal. Diese Bäume hat man natürlich wachsen lassen. Die Kugelform ist auch schon wegen der Nähe zur Hauswand nicht möglich. Die Wipfel und die ausladenden Äste wurden irgendwann abgesägt, um das Größenwachstum des Baumes in Grenzen zu halten.

Vor der Stadtbibliothek, Richtung Alter Botanischer Garten (**36**):
Nein, wir wollen Sie noch gar nicht auf die Birke hier aufmerksam machen. Auch die Begrünung des Park/Geschäftshauskastens ist nicht unser Ziel. Senken Sie den Blick auf das Pflaster. Warum verliert der Leopard selbst im Regen seine Flecken nie? Und warum war das für ihn einstmals ein großes Problem?

Dies ist eine Geschichte aus den Regenwaldländern Westafrikas: Als das göttliche Wesen die Welt und die Lebewesen schuf, durften sich die Tiere ihre Färbung aussuchen. Der Leopard, der bereits zum König der Tiere aufgestiegen war, wollte natürlich besonders schön aussehen. Aber die Farben, die er wählte, waren nicht wasserfest. Nach dem ersten großen Regen war er sehr jämmerlich anzusehen und kehrte kleinlaut zum göttlichen Wesen zurück. Aber da waren mittlerweile alle Färbungen und Farben vergeben – bis auf einige einfache schwarze Flecken. Die nahm der Leopard dann eben, aber immerhin: Sie waren fest und unablöslich. Und so heißt es seitdem in jener Gegend: Selbst im Regen verliert der Leopard seine Flecken nie!

Vor einer Reihe von Jahren enstand dieses kleine Kunstwerk bei einer Skulpturenausstellung, von der auch noch das steinerne Buch am Ammerkanal beim Nonnenhaus übriggeblieben ist. Mehrmals verschwand seither die Texttafel, wurde aber immer wieder ersetzt. Fragen Sie uns nicht, welche Beweggründe zu dieser Geschichte an diesem Ort führten. Lassen Sie sich lieber von Freunden eine neue Geschichte aufgrund des Tafeltextes erfinden. Wenn wir schon keine Wölfe in der Stadt haben, dann doch immerhin einen Leoparden im Pflaster.

Jetzt aber zur Birke! Die Fotografie auf S. 88 ist keine Fotomontage. Die rechte Birke stand hier bis Ende 1997. Sie mußte weichen, weil die Stadt im Zuge einer Kabelverlegung an dieser Stelle die Wurzeln größtenteils absägte. Die Beschädigungen hätte der Baum nicht lange überlebt. Also wurde er gleich ganz entfernt. Bäume wurzeln gerne entlang Gas- oder Stromleitungen, weil dort durch das Kabel- oder Rohrverlegen der Boden in der Regel lockerer ist als sonst. Das kann gefährlich werden, denn Wurzeln können Rohre brechen und Kabel

zerschneiden. Bei der anderen, verbliebenen Birke und der noch zehn Meter weiter in die Hintere Grabenstraße hinein entfernten handelt es sich um Moorbirken (Betula pubescens). Hätten Sie gedacht, daß hier im Städtle Moorbirken stehen? Diese Stadt kann einem ja unheimlich werden ... vor allem, wenn Sie bedenken, daß die Birke in vergangener Zeit häufig als Zauberbaum angesehen wurde ... Birkenreiser fanden in magischen Praktiken Verwendung. Aus dem Stamm der Birke läßt sich ein nahrhafter Saft gewinnen, den man zu Birkenwein vergären lassen kann. Dieser Saft wurde früher als Zaubertrank angesehen. Hinzu kam, daß sich häufig Hexenbesen auf den Birken bilden und zudem der Fliegenpilz speziell in der Nachbarschaft von Birken wächst. (Nein, das ist nur eine Getränkedose da am Stammfuß! Aber prüfen Sie es nach!) Ansonsten kann der erwähnte Saft auch als Haarwasser dienen.

Und bekannter ist die Verwendung der biegsamen Zweige für die Herstellung von Besen und von Ruten für die Sauna. Das Holz der Birken ist jedoch von geringer Qualität. Viele Waldbesitzer sehen die Birke deshalb als das Unkraut im Walde an. Was nur zeigt, daß „Unkraut!" keine sehr allgemeingültige Aussage ist. (Allerdings ändert sich diese Einschätzung inzwischen.) Den Indianern war jedenfalls die Rinde der Papierbirke für den Bau von Kanus wichtig. In Skandinavien benutzt man die Rinde noch heute zum Dachdecken, in Schweden wurden Körbe aus Birkenrinde geflochten. Und in Deutschland? Da taten Menschen einst Birkenrinde in ihre Schuhe als Mittel gegen Schweißfüße!

Die 40 Arten dieser Baumfamilie waren es auch, die zusammen mit der Zitterpappel und der Hasel nach der Eiszeit als erste wieder die vom zurückweichenden Eis frei werdenden Gebiete besiedelten. Heute reicht ihre Verbreitung quer über die Nordhalbkugel weiter nach Norden als bei anderen Bäumen. Dies verdanken sie vor allem ihren sehr leichten Samen – es sind geflügelte Nüsse – und ihrem sehr schnellen Jugendwachstum. Was für ein zauberschönes Riesen"unkraut"! Wir müssen noch einmal den „Schindhau" (jenseits des Galgenbergs im Süden Tübingens) erwähnen: Wenn Sie vom Hindenburg-Areal die alte Panzerstraße hinaufwandern, können Sie auf der Höhe nach etwa 500 Metern vor der Schranke rechts abbiegen. Sie gelangen auf eine teilweise von Birken umstandene Wiese: ein Elfenort; der nutzenorientierten Fällung möglicherweise durch die Zeit der militärischen Verfügung über diese Gegend entgangen. Sage keiner, wundersam scheinende Paradoxa gäbe es nicht auch heute noch!

Um das Nonnenhaus herum (**37**):

Wir meinen hier nicht das Geschäftszentrum „Markt am Nonnenhaus", sondern das echte nebenan, das im Schatten des Kolosses weiterhin eine höchst angenehme Figur macht. An der Ecke zur Stadtbibliothek hin wurde die Kastanie rundum mit Rammschutzpollern versehen – es läßt sich denken warum, an diesem Rangier- und Wendeplatz! Nehmen Sie den schmalen Durchgang zum Ammerkanal und versäumen Sie nicht den Anblick der am Zaun des Nonnenhausgärtchens entlanggebundenen Rosensträucher. Überhaupt weckt diese fast rundum laufende Gartenpartie die Erinnerung an mittelalterlich-innenstädtische Nutzpflanzengärtchen – ohne die Bäume! Die üppige Pflasterritzenvegetation an dieser Stelle wirkt da schon richtig wild und unordentlich. Möge sie hier bleiben dürfen! Wir lieben diese „ungeputzten" Fleckchen.

Zum Ammerkanal hin fällt am Nachbarhaus, in dem eine Goldschmiede ihr Domizil hat, der vielstämmig-verwundene Mauerstamm auf: eine weitere schöne Glyzinie. Noch besser als bei der Burse können Sie hier sehen, wie die höchst kraftvolle Pflanze durch Stahldrähte gezähmt wird. Die Glyzinie ist nämlich ein „Würger": sie umschließt Balken und zerdrückt sie. Dächer kann sie anheben. Darum müssen ihr Grenzen gesetzt werden. Diese hier ist ungefähr 20 Jahre alt.

Auf der anderen Seite des Nonnenhauses finden Sie eine weitere der seltenen Stadtfichten (Picea abies). Fast traurig-dunkel ragt sie empor, zeigt aber doch an dieser Stelle einigen Charakter. Fichten müssen heutzutage mit ziemlich schlechtem Ruf leben – obgleich sie der häufigst verwendete Weihnachtsbaum sind und das meistbenutzte Bau- und Konstruktionsholz liefern. Zum einen sind sie eben der Lieblingsbaum der Wirtschafts-Monokulturen (wegen ihres raschen Wachstums und des hohen Nutzwertes), zum anderen sind die im Zuge des Waldsterbens erkrankten und oft dann vom Borkenkäfer endgültig vernichteten Fichtenschonungen das deutlichste Wald-Menetekel einer ausgeuferten technologischen Zivilisation, die sich zu wenig Gedanken um die Folgen ihrer Entwicklungen machte.

Wohlgemerkt: Ab dem 18. und vor allem im 19. Jahrhundert wurden die Fichtenwälder auf Flächen gepflanzt, die durch die Jagdleidenschaft der Barockfürsten und ihre Abholzungen für den Verkauf an die Schiffsbauer derart zerrüttet worden waren, daß man damals geradeso von einem „Waldsterben" anderer Art sprechen konnte. Wie anfällig die flachwurzelnden Fichten einmal für Sturmbruch werden würden, wie empfindlich Monokulturen auf von außen kommende Verunreinigungen des Bodens und der Luft reagieren würden, das war zu dieser Zeit nur unzureichend bekannt.

Es wäre also falsch, den Förstern des 19. Jahrhunderts einen Vorwurf wegen ihrer Bemühungen um Brenn- und Bauholz für die rasch wachsende Bevölkerung zu machen. Im Gegenteil: damals war diese Maßnahme richtiggehend revolutionär! Mit der Fichte wurde die „nachhaltige Waldwirtschaft" eingeführt. Das heißt, es durfte nur so viel abgeholzt werden, wie auch nachwuchs. Der Begriff der „Nachhaltigkeit" stammt aus dieser Zeit und spielt heute bei zahlreichen ökologischen wie ökonomischen Entwicklungskonzepten eine zentrale Rolle. Eigentlich waren diese Förster höchst modern.

Nur sollten wir heute einige Fakten dennoch besser wissen, und immerhin ist in der Forstwirtschaft ein Umdenken zugunsten des stabileren und natürlicheren Mischwaldes in unseren Breiten- und Höhenlagen im Gange. Die alten Fichten der Monokulturen sind, wenn sie bis zu 150 Jahre alt sind, die erste Generation jener Aktivitäten, die uns so fern gerückt erscheinen. Das Lebensalter von Bäumen erinnert daran, in welchen zeitlichen Maßstäben mögliche Folgen umfassender Entwicklungen betrachtet werden müssen. Auch darüber wissen wir heute mehr als vor 150 Jahren.

Es scheint dem Menschen allerdings schwerzufallen, wirklich langfristig zu denken. Das scheint in früherer Zeit auch tatsächlich weniger notwendig gewesen zu sein als heute. Der Mensch muß also offenbar etwas anthropologisch recht Neues erst einmal richtig lernen. Na denn! Technische Neuerungen lernen wir ja auch zu bedienen, oder? Warum nicht mal etwas anderes, selbst wenn es keine Knöpfe hat, sondern sich viel eher im Kopf abspielt. Vielleicht können uns auch die Bäume in unserer Umgebung etwas öfter diesbezüglich „anstupfen"! Die Nonnenhausfichte ist jedenfalls ein sehr schöner Baum und hat unsere Probleme mit dieser Baumart gewiß nicht verdient.

Direkt neben ihr stehen zwei Vogelbeeren (oder Ebereschen), wieder Richtung Stadtbibliothek zwei Lebensbäume, ein kleinerer und ein größerer (☞ S. 76). Testen Sie noch einmal den Geruch! Und dann müssen Sie vor dem größeren schon wieder nach unten schauen: Unmittelbar am Zaun – dieses höchstens 30 Zentimeter hohe – ja, Unkraut, möchte man fast sagen: da versucht ein Bergahorn sein Glück. Wenn Sie wollen, können Sie auch ihn einen „tapferen Baum" nennen. Er hätte ja im Garten bleiben können, aber nein ...

Sie haben den Winzling nicht gefunden? Oh, Sie müssen mitdenken! So rasch veralten nämlich Texte: im Sommer 1998 geschrieben, waren die letzten Zeilen bereits im Januar 1999 überkommen. Da hat wohl städtisch-bürgerlicher Ordnungssinn mit der Astzange zugekniffen! Und nun? Haben Sie die Stümpfe der Ästchen entdeckt? So eine halblebige Aktion wird auch diesen Ahorn vermutlich nicht entmutigen. Wie wird das Fleckchen aussehen, wenn dieser Führer gedruckt ist? Ach, beobachten Sie doch einfach selber!

Übrigens, das bereits erwähnte steinerne Buch ist dem Tübinger Botaniker Leonhart Fuchs (1499 od. 1501 – 1566) gewidmet, der durch sein Heilpflanzenbuch „New Kreuterbuch" Weltruhm erlangte. Er wohnte ab 1535 im echten Nonnenhaus. Nach ihm sind unter anderem die Fuchsie und das Fuchs-Greiskraut (das vor allem im Schwarzwald ziemlich häufig ist) benannt worden. Neben dem Nonnenhaus legte er einen ersten kleinen botanischen Garten in der Stadt an.

Zwischen Nonnenhaus und Langer Gasse (**38**):

Stellen Sie sich mal unter den Baum mit den hängenden Ästen! In der Altstadt ist er ziemlich einmalig. Es ist eine Trauerweide (Salix alba 'Tristis'). Sie ist zweifellos die bekannteste Weidenart. Man erkennt sie leicht an den herabhängenden Zweigen. Aber auch hier gibt es andere, wenn auch deutlich seltenere „Weidenarten" mit ebenfalls herabhängenden Zweigen. Wie der lateinische Name schon zeigt, ist die Trauerweide selbst schon eine Varietät der Silberweide (Salix alba). Die Silberweide wieder gehört zu den am häufigsten vorkommenden Weidenarten.

Weiden lieben Feuchtigkeit. An großen Wasserläufen, in Poldergebieten und in Niederungsmooren gehören sie zu den Charakterbäumen der Landschaft. In Wäldern ist die Weide seltener anzutreffen, gelegentlich noch als Strauch. Eine Weide als solche zu erkennen, ist selbst für Laien kein Problem. Doch die verschiedenen Weidenarten mit Sicherheit auseinanderzuhalten, ist praktisch unmöglich: Weiden sind dafür berüchtigt, daß die Arten leicht untereinander Kreuzungen bilden, die die Merkmale beider Eltern tragen. Es soll etwa 300 Arten und viele, viele Bastarde geben. Manche Spezialisten behaupten konsequenterweise, daß es überhaupt keine reinen Arten mehr gäbe. Muß uns das bekümmern, wenn wir scharf auf die erfolgreiche Bestimmung eines Baumes sind? Wir sollten bedenken, daß die Einteilung der Weiden in Arten auch nur Menschenwerk ist. Fest steht, daß bei der heutigen Einteilung praktisch jede Weide die Merkmale von zwei oder drei Arten aufweist. Bleiben wir noch eine Weile bei diesem schillernden Baumwesen.

Alle Weiden blühen deutlich vor oder spätestens gleichzeitig mit dem Austrieb. Im Gegensatz zu den meisten andereren Frühblühern, zum Beispiel den Pappeln und Ulmen, erfolgt bei der Weide die Bestäubung nicht durch den Wind, sondern durch Insekten. Für den Imker ist die Weide darüber hinaus ein wichtiger Baum, da sie früh blüht und für die Bienen deshalb die erste Nahrung darstellt. Für Vögel ist die Weide geradezu der ideale Ort. Der rauhe Stamm und die knorrige, höckerige Krone sind für zahllose Vögel Futterplatz und Zufluchtsort zugleich. Die Waldeule, die Steineule, der Gartenrotschwanz, viele Meisenarten und selbst die Wildente sind in der Weide anzutreffen (wenn auch nicht notwendigerweise alle gleichzeitig).

Jetzt sind wir, hinsichtlich einiger der genannten Vögel, natürlich ein wenig in den Wald abgeglitten. Unsere Stadtweide wurde im Rahmen der Altstadtsanierung Anfang der achtziger Jahre gesetzt. Aber beobachten Sie sie doch immer mal wieder. In Hamburg beginnen sich, zuverlässigen Meldungen zufolge, Uhus im Stadtgebiet anzusiedeln. In Stuttgart gibt es seit inzwischen cirka 15 Jahren eine überlebensfähige Kolonie wildlebender Papageien, entstanden aus einem freigelassenen Pärchen. (Die übrigens ausgerechnet den einzig nicht-giftigen Teil der Eibe, die Fruchthülle, als Nahrung bevorzugen.) Füchse sind in vielen Städten mittlerweile regelrecht heimisch geworden. (Und dann die Wölfe ...???) Wer weiß, welch seltsame Rück-Eroberungen durch Tiere auch Tübingen noch bevorstehen!

Zurück zum Baum. Was uns heute ästhetisch erfreut, war früher ein Lieferant vielfältiger Güter: Das Weidenholz ist weiß, zäh und elastisch. Es wurde (und wird noch gelegentlich) gebraucht, um unter anderem Hockeyschläger und Holzschuhe herzustellen und war auch das Material, aus dem Holzbeine gefertigt wurden. Wichtiger noch als das Holz waren die Weidenruten, die zu vielerlei Flechtwerk verarbeitet wurden. Die Rinde brauchte man beim Gerben von Leder, und die Wurzeln dienten zur Herstellung einer roten Farbe.

Kein Wunder, daß auch der Volksglaube einem solchen Baum Bedeutung beimaß. Doch wurde den Weiden eine finstere Rolle zugeschrieben. Für Germanen, Griechen und andere Völker war sie das Symbol für den Tod. Trübsal und Trauer wurden eng mit der Weide in Verbindung gebracht. So wird von der Trauerweide berichtet, daß sie im Garten von Gethsemane entstanden sei, wo Jesus seine letzte Nacht vor der Verhaftung verbrachte. Die Weide habe aus Kummer und Gram ihre Zweige hängen lassen. Der oft hohle Baum soll dem Teufel und den Hexen als Wohnsitz dienen. In eigentümlichem Kontrast dazu konnten diese bösartigen Wesen aber mit Weidenzweigen abgewehrt werden. Auch beim Aufspüren von Hexen könne man Weidenruten gebrauchen.

Wir verbrennen heute keine Hexen mehr. Tatsächlich bemühen sich wieder Frauen und Männer um die Erinnerung an die heilkräftigen Wirkungen von Bäumen und Baumteilen. (Vergleichen Sie dazu unsere Literaturanregungen zum Weiterlesen!) Die Zeiten haben sich doch wahrhaftig geändert! Gleichwohl scheint es nötig gewesen zu sein, die Silberweide zum Baum des Jahres 1999 zu küren. Mit der Beseitigung periodisch überschwemmter Auwälder, mit der Begradigung kleiner Wasserläufe und der Trockenlegung von Tümpeln haben wir in den letzten Jahrzehnten diese früher häufige, aber empfindliche und besonders schöne Baumart stark dezimiert. Die meisten Weidenarten sind Sträucher, die Silberweide ist eine der wenigen Ausnahmen mit baumförmigem Wuchs und erreicht bis zu 30 Meter Höhe. Gemeinsam mit Pappel und Erle gehört sie zu den drei wichtigsten Baumarten der sogenannten Weichholzaue am Mittel- und Unterlauf der Flüsse.

Unserer schönen Trauerweide benachbart ist ein sehr lokaler Zwiespalt der Stadtbegrünung: Die beiden Linden, die zur Metzgergasse hin stehen, werden niemals das werden können, was in ihnen angelegt ist: Sie stehen zu eng, wachsen zu steil nach oben, und irgendwann werden sie zusammenwachsen. Aus Stadtgärtnersicht heißt es, ihr zu früher Tod sei absehbar. Wir haben das Thema schon bei den Götterbäumen angeschnitten: Stadtbäume haben es sowieso schwer. Hinzu können ungünstige Pflanzorte und ungünstige Pflanzweisen kommen. Dies ist die andere Seite der Faszination von sich durchkämpfenden „tapferen" Bäumen: Wilde wie gesetzte Bäume zahlen einen Preis dafür, daß sie von Stein und Technik umgeben, im Untergrund durchdrungen sind – und daß auch gutwillige Menschen nicht immer das Sinnvollste tun.

Achten Sie, dem Lauf des Ammerkanals folgend, im Weitergehen auf das ungewöhnliche (Stiel-)Eichenbüschel neben der Weide an dem kleinen Brückchen. So sieht keine ordentliche Eiche aus, oder? Möglicherweise wurde der Baum für diesen Platz etwas „vorbereitet", um nicht in Konkurrenz zur Weide zu geraten. Anschließend folgen drei ebenfalls büschelige Eiben – bei dieser Baumart allerdings eine recht normale Wuchsform. Hinter dem Obst- und Gemüsestand schließt sich eine mandschurische Linde an (Tilia mandschurica). Ähnlich wie bei der Silberlinde (☞ bei der Frauenklinik, S. 81) sind ihre Blätter unterseits grau- bis weißfilzig, doch sind sie deutlich gröber und spitzer gezähnt als bei dieser. Direkt vor dem Eingang zur Einkaufspassage im Nonnenhaus eine weitere Kastanie. Zusammen mit der Kastanie bei der Stadtbibliothek und den beiden Exemplaren beim Affenfelsen bildet sie ein Ensemble rund um den mächtigen Komplex, das von den Altstadtsanierern bewußt so als „Einrahmung" gewählt wurde.

Unmittelbar an der nächsten Brücke steht eine kleine Hainbuche. Vergleichen Sie sie mit den Wuchsformen am Affenfelsen. Ihr größeres Pendant an dieser Stelle ist eine Robinie. Eine weitere wächst ein paar Meter entfernt, in dem Durchgang von der Metzgergasse zur Hafengasse und muß mit ziemlich wenig Licht auskommen. Robinien stehen überhaupt fast überall unauffällig herum. (Sehen Sie sich vorsichtig um!) Wir werden gleich noch genauer auf sie eingehen.

Der Affenfelsen bei den Cafés und Lokalen am Ammerkanal (**39**):

Mit dem Affenfelsen ist der Stadtmauerrest gemeint, der sich dort, wo im Sommer die Tische und Stühle (und die Menschen daran und darauf) sich häufen, klobig über dem Kanal erhebt. Es läßt sich auf ihm sitzen, wenn kein gewöhnliches Plätzchen mehr frei ist, und dann spielt man eben den Affen.

Auf beiden Seiten des „Felsens" wächst entlang des Ammerkanals eine Hainbuchenhecke (Carpinus betulus). Hainbuchen eignen sich besonders gut für diesen Zweck, da man sie fast beliebig zurückschneiden kann und sie dann sehr stark und dicht wieder austreiben. Deshalb mußten Hainbuchen oft für die streng geometrisch geformten Barockgärten herhalten. Außerdem bleiben die braunen Blätter bis in den Winter an den Zweigen (was längeren Sichtschutz bedeutet). Vom althochdeutschen Wort „hag", womit ein eingefriedetes Stück Land gemeint ist, stammt übrigens auch der andere Name der Hainbuche, nämlich „Hagebuche".

Die Härte des Hainbuchenholzes übertrifft alle anderen einheimischen Holzarten. Daher ist es früher, als Eisen noch knapp war, für beanspruchte Maschinenteile benutzt worden, beispielsweise für Achsen, und eignet sich gut für Drechslerarbeiten. Der Ausdruck „hanebüchen" leitet sich von der Hainbuche ab: ursprünglich war er gleichbedeutend mit „hart" oder „dauerhaft", steht inzwischen aber für „grob" oder „unerhört". Im Oberschwäbischen allerdings findet sich auch „hagebüchen", und das bedeutet bis heute „hartnäckig."

An feuchten Standorten bilden sich am Stamm der Hainbuche durch Algen und Pilze helle Flecke, die dem Stamm ein krätziges Aussehen geben. Dies, gemeinsam mit dem scheinbaren Bestreben der dicken Seitenäste, wieder mit dem Stamm zusammenzuwachsen, erweckt die Vorstellung vom sprechenden Baum, wie er in Märchen vorkommt. Wovon würde die Hainbuche erzählen? Vielleicht von dieser oder jener „hagazussa" – das war eine, die auf dem Hag saß, also auf der Einfriedung, und damit war die Grenze zwischen dem kultivierten, dem „zivilisierten" Land und der ungezähmten „Wildnis" jenseits davon gemeint. Die auf dem Hag saß aber konnte in die eine wie die andere Richtung blicken, sie kannte beide Welten. In der einen – der sogenannten „wilden Welt" – lebte sie außerhalb der gesellschaftlichen Konventionen und Einschränkungen. Unter anderem sammelte sie Kräuter. In der anderen Welt bereitete sie daraus Heilmittel zu und kannte sich in den Geheimnissen des Körpers besser aus als mancher Bader und in den Abgründen der Seele ausgiebiger, als es der Kirche gefiel. So mußte sie im Spätmittelalter auf anderes Holz als das des Hags steigen – um verbrannt zu werden. „Hagazussa" ist eines der wahrscheinlichen Wurzelworte für unsere „Hexe".

Schon wieder sie! Der Ammerkanal ist hier wahrhaft ein Zauberflüßchen. Und die Hainbuche würde sich völlig zu Hause fühlen in den Traum-Wäldern der Märchenerzähler, in den Geschichten von Geheimnissen in der Tiefe des Waldes. Und sei es der Wald in uns selber. Folglich wird es ihr auch im Zentrum Tübinger Sehens und Gesehenwerdens – und all der Geschichtchen, die dabei zu erzählen sind – kaum langweilig werden. Ergänzen Sie diesmal den Kaffee um ein Eis und erwägen Sie ein weiteres Mal, wie bemerkenswert Lebendigkeit, Ästhetik und Nutzanwendung im Baum zusammentreffen. Und vergessen Sie nicht, die Ähnlichkeit der Hainbuchen-Blütenstände mit denen der Birken zu vergleichen. Denn die Hainbuche sieht zwar der Buche sehr ähnlich, aber sie ist nicht mit ihr verwandt. Vielmehr teilt sie die gleiche Abstammung mit den Erlen, Haseln und Birken: sie ist ein Birkengewächs.

> (A12). Sie können hinsichtlich Lebendigkeit, Ästhetik und Nutzanwendung auch noch konkreter werden: Stadtbäume sind das ganze Jahr über besonderen Belastungen ausgesetzt. Nehmen wir an, Sie dürften einen pflanzen. Worauf sollten Sie achten? Welchen Anforderungen muß dieser Baum genügen?

Es geht ein paar Meter oberhalb des Affenfelsens in Richtung Museum hinauf. Die meisten Tische und Stühle stehen unter zwei Kastanien. Vor dem Brückchen aber spendet ein Exot Schatten. Der Baum an der Mauer zur Straße heißt Blasenesche (Koelreuteria paniculata), ist aber mit der Esche nicht verwandt. Er ist aus China eingeführt worden. Achten Sie im Herbst auf die schönen, lampionartigen, papiernen Früchte.

Und schauen Sie sich die kleine Radfahrer-Bronze an, die sich fast ein wenig am Treppeneck versteckt. Manche Revolutionäre bleiben bescheiden, das scheint uns sehr sympathisch. Der Radfahrer lehrt die Aufmerksamen in schönen Buchstaben: Kein Geld den Fürsten, alles Geld den Radfahrern! Wir würden gern ergänzen: ... sofern sie so locker und entspannt dahinradeln wie die kleine Plastik, immer!

Zwischen Ammerkanal und Lustnauer Tor (Schimpfeck) (**40**):

Über den Steg zum „Schimpf" hinüber müssen Sie durch eine Art Tor hindurch, gleich dahinter wächst ein kleiner Feldahorn (☞ S. 26) unmittelbar an der Wand. Ein wenig steht er da wie bestellt und nicht abgeholt, aber er paßt hierher: zu diesen paar fast ländlich wirkenden Metern, ehe es hinauf zur Straße geht. Ein paar Meter daneben wird die Bank gegenüber der Stadtmauer von einem Holunder beschattet.

Schauen Sie noch einmal zum wuchtigen Klotz des Einkauszentrums „Markt am Nonnenhaus" zurück. Bis Anfang der achtziger Jahre war hier eine Stadtbrache: ein großer geschotterter Parkplatz. Dann wurde – teilweise sehr umstritten – gebaut. Tübingen hat sich an das Ergebnis gewöhnt, der Weg am Kanal entlang wurde zur kleinen Flaniermeile ... es gibt aber noch andere, unsichtbare Wege: zum Beispiel jene des Grundwassers.

Daß hier, in der Ammerniederung, im Zuge des großen Neubaus der Grundwasserspiegel abgesenkt werden würde, war schon damals vielen, die sich auskannten, klar. Vielleicht ahnten sie auch, daß später die wenigsten begreifen würden, was dieser Prozeß – mit einiger Gewißheit – für schleichende Konsequenzen hatte: Auf der anderen Straßenseite, wo neben dem Museum der Alte Botanische Garten beginnt, verfolgten einige Stadtgärtner wenigstens dokumentarisch mit Fotos den Niedergang einer der schönsten Platanen weit und breit, kerngesund bis dahin, die jetzt in zu hohem Maß von der unterirdischen Wasserzufuhr abgeschnitten war: ihr Tod dauerte zehn Jahre. 1992 mußte sie gefällt werden.

Würde die Großflora eines Gebietes auf einen Schlag komplett absterben, ließe sich das kaum verbergen und schwerer vergessen. So jedoch täuscht das Verbliebene: die Standorttoleranzen sind verschieden! Obgleich der Beweis nicht eindeutig zu führen ist, haben die Verhältnisse sich hier eher zum Schlechteren geändert. Das ist nicht mehr ungeschehen zu machen. Dennoch lohnt es sich, den Alltagsblick zu schärfen, um immerhin zukünftige Veränderungen weniger zu übersehen.

Gehen Sie doch kurz hinüber. Wir wollen Sie am Rand des Alten Botanischen Gartens gerade mal auf zwei besondere Baumplätze aufmerksam machen. Unmittelbar vor der alten Taxibucht (in Fahrtrichtung betrachtet) stehen zwei Bäume fast an der Straße, deren Blätter denen der Hainbuche sehr ähnlich sind.

Es handelt sich aber um zwei Exemplare der hierzulande ziemlich seltenen Hopfenbuche (Ostrya carpinifolia). Tatsächlich gehört sie auch zu den Hainbuchengewächsen: ein zwar winterharter, aber ansonsten in Südeuropa heimischer Baum. Wenn Sie vor den beiden Bäumen stehen: unmittelbar hinter Ihnen wachsen wie zum Vergleich auch Hainbuchen.

Direkt in der Weggabelung steht ein weiterer der Urweltmammutbäume, die wir bei der Johanneskirche kennengelernt haben. Folgen Sie dem Weg hinunter zur Unterführung unter der Wilhelmstraße. In der Biegung vor den Umweltschautafeln, die früher vom AK Wald und inzwischen vom AK Wald und Kunst (des Bund für Umweltschutz) betrieben werden, wächst noch eine ganze Gruppe: eigentlich handelt es sich um eine einzige Baumbasis, die schnell zweistämmig wird. Aber genau in der Stammkehle behauptet sich vorwitzig ein drittes Stämmchen, während ein gleichrangiges viertes nach hinten wegstrebt. Ein fünfter Winzling muß sich zu sämtlichen vier „Geschwistern in der Wurzel" irgendwie gegenläufig verhalten – alles in allem ein höchst eigenes Ensemble. Über die Treppe können Sie zum Schimpfeck zurückkehren.

Direkt an der Haltestelle steht wieder eine Robinie (Robinia pseudoacacia), und die drei Bäume auf der anderen Straßenseite sind ebenfalls welche. Robinien besitzen eschenähnliche unpaarige Blattfieder, doch sind die Fiederblättchen oval und ungezähnt. Genau genommen handelt es sich hier am Schimpfeck um eine Varietät der gewöhnlichen Robinie, nämlich Robinia pseudoacacia 'Casque-rouge', deren Blüten nicht weiß, sondern rosafarben sind - daher auch der Name: "casque-rouge" bedeutet "Rotmütze". (Eine zweite Varietät, Robinia pseudoacacia 'Monophylla' mit deutlich größeren Fiederblättchen, finden Sie übrigens gegenüber dem Kelternplatz als Baumreihe zwischen Fahrradweg und Straße.) Das natürliche Verbreitungsgebiet dieses Baumes sind die Appalachen Nordamerikas. Um 1600 wurde er von einem Franzosen namens J. Robin nach Europa gebracht. Seitdem ist er sehr häufig angepflanzt worden und stellt heute eine vertraute Erscheinung in der Landschaft dar. Auch dadurch, daß sich an den Knospen von Wurzeln Triebe bilden (sog. Wurzelschosse), konnte sich die Robinie sehr schnell ausbreiten. Förster behaupten, daß dort, wo eine Anzahl von Robinien stehe, diese nicht mehr wegzubekommen seien.

Aber sie hat auch ihre ausgesprochen guten Seiten, so daß sie geradezu als „Wunderbaum" bezeichnet wurde. Wegen ihres ausgedehnten Wurzelwerkes wird die Robinie gern zur Befestigung des Bodens verwendet, zum Beispiel der gewaltigen Abraumberge aus den Zechen in unseren Bergbau-Gebieten. Für diesen Zweck ist die Robinie auch deswegen besonders gut geeignet, weil sie, ebenso wie andere Hülsenfrüchtler (Leguminosae) und die Erle, den Stickstoff der Luft

(A13) Das Foto oben von einer Robinie stammt von einem anderen Ort in der Altstadt. Finden Sie ihn?

zu binden in der Lage ist, und damit als Bodenverbesserer wirkt.

Zusammen mit der Esche gehört die Robinie zu den am spätesten im Frühjahr austreibenden Baumarten. Ende Mai oder auch erst im Juni kommen die Blätter zum Vorschein. Kurz davor steht sie häufig als einziger kahler Baum in einer sonst bereits völlig grünen Umgebung. Im Winter erleidet sie oft Schaden durch strengen Frost. Aber das sehr ansehnliche, harte braune Robinienholz ist als Zaunpfahl oder Faßdaube dauerhafter als das der Eiche und als einziges europäisches Holz nahezu unverrottbar. Umgekehrt wiederum kann die Stickstoffanreicherung durch Robinien Biotope wie Trockenrasen oder Sandfluren zerstören, so daß sich der zwiespältige Charakter dieses Baumes schon einmal in einem Stoßseufzer Luft machen kann: „Wollte Gott, daß alle Robinien, die in Europa wachsen, zu Möbeln verarbeitet werden!" [6]

In der stark gefurchten Rinde halten sich viele Insekten auf, die den Vögeln als Futter dienen. Die schräg verlaufenden Rindenleisten werden vom Kleiber gern benutzt, um Eicheln und Haselnüsse, die er kaputtpicken will, fest einzuklemmen. Die vielen Höhlungen bieten manchen Vögeln, wie Rotkehlchen und dem Baumläufer, auch gute Nistgelegenheiten. (Haben wir erwähnt, daß auch die als Hecke geschnittene Hainbuche sehr beliebte Nistmöglichkeiten für Amseln, Dompfaff, Singdrosseln und andere Arten abgibt?) Wir scheinen (!) schon wieder in den Wald abgedriftet zu sein. Sicher sind hier mitten in der Stadt – und trotz der Nähe des Alten Botanischen Gartens – die Verhältnisse andere (Suchen Sie trotzdem nach Überraschungen im Laubwerk!). Schauen wir uns dazu den nächsten Baum an:

(A14) Wie anders sind sie wirklich? Was schätzen Sie, wie viele (und welche!) Vogelarten in der Innenstadt von Tübingen nicht nur zu sehen sind, sondern dort auch brüten (Brutvögel)?

[6] Dieser Satz fand sich im Katalog des Versandhauses *manufaktum*.

Schimpfeck/Lustnauer Tor (**41**):

Eine Winterlinde steht auf dem Plätzchen bei der Ampel. Betrachten Sie diesen Baum einmal aus „seiner eigenen" Perspektive. Für ein Innenstadtexemplar hat er verhältnismäßig viel offenen Boden um sich. (Dagegen sind die Platanen schräg gegenüber vor der Gaststätte Wurstküche typische „eingezwängte" Stadtbäume!) Die „Ampelwartebank" wurde vor einigen Jahren von der Tübinger Jugendgruppe des Naturschutzbundes aufgestellt. Man möchte sich hinsetzen und das (für Tübinger Verhältnisse!) pulsierende Treiben an diesem zentralen Stadtort betrachten – und dann doch wieder nicht! Denn andererseits verläuft neben dem Baum eine Hauptverkehrsstraße: Die Mühlstraße ist einer von drei Orten in der Stadt, an denen bei Luftschadstoffmessungen 1988/89, also vor der einseitigen Sperrung der Mühlstraße, der Grenzwert für Benzol überschritten wurde. (Danach wurden nur noch Modellrechnungen auf der Grundlage anderer Kriterien durchgeführt, denen zufolge die Schadstoffwerte unterhalb der Grenzwerte blieben.)

Offensichtlich ist dieser Platz ein besonders problematischer Baumstandort. Das geht auch aus der sogenannten Flechtenkarte hervor. Ihr zufolge zählt die Innenstadt neben Lustnau zu den Tübinger Gebieten mit der schlechtesten Luftqualität. (Was unter anderem auch mit den Luftströmungsverhältnissen im Ammertal zu tun hat!) Die Flechtenkarte ist eine nach Artenvielfalt, Häufigkeit des Vorkommens und Vitalität der Flechten ausgewertete Luftgütekarte für Tübingen. Die Flechten, meistens an Bäumen haftend, reagieren noch viel empfindlicher als die Bäume selbst auf Luftverschmutzungen. Flechten sind eine Symbiose aus Pilz und Alge. Der Pilz erfüllt die Wurzelfunktion, die Alge die des Laubes[7].

Aber die Verschmutzungsbelastung ist nicht einmal das einzige Problem für unsere Linde: Die Luftbewegungen der fahrenden Autos (vor allem von LKWs und Bussen) bewirken für den Baum an dieser Stelle Streß. Im Unterschied zu Waldbäumen ist er durch die Reflexion der Lichteinstrahlung auf dem Asphalt stärkerer Belastung durch Licht und höheren Temperaturen ausgesetzt. Niederschlag kann nicht durch den Boden ringsum aufgenommen werden. Der Asphalt führt zu rascherer Verdunstung. Nicht zuletzt ätzt Hunde-Urin am Stamm. Klar: Wenn's nur ein paar wenige wären ...

---

[7] Wer wissen möchte, wie gut die Luft um die eigene Wohnung gemäß dieser Flechtenkarte ist oder wie sich der Straßenverkehr auf die Luftbelastung auswirkt, kann die Karte gerne im Umweltzentrum, Kronenstraße 4, einsehen. Wir freuen uns auf jeden Interessenten.

Mit diesem Platz und seinen Problemen wollen wir unseren Führer jetzt aber doch nicht beenden. Den Abschluß sollen ein eben übersehenes, ein kleines und ein hohes, ein zwiegesichtiges und ein größeres Kleinod im Altstadtbereich bilden. Beginnen wir mit ersterem:

Noch einmal Schimpfeck (**42**):

Wir haben Sie schon an ihm vorbeigelotst, ohne etwas zu sagen: an jenem Baum, den wir selbst auf mehreren Erkundungstouren nicht bemerkten. Wie kann das sein? Urteilen Sie selbst: Gehen Sie Richtung Museum zurück, bis zur Ecke des Schimpf-Gebäudes: Haben Sie ihn jetzt auch entdeckt (oder etwa schon vorher?!), diesen tapferen Baum, der unmittelbar an der Arkadenaußenseite doch einige Meter emporragt? Dreistämmig ist er, als wolle er sichergehen, daß ihm an diesem extremen Wuchsplatz wenigstens eine Lebensbahn erhalten bliebe, sollte mal ein Laster vom Weg abkommen ... Zwei der Stämme umschlingen sich weiter oben regelrecht; mag sein, die Hektik dieses Orte gruselt sie ein wenig.

Wie dem auch sei: dieser Baum ist wild gewachsen – und er hat bis heute überlebt, obgleich es sich zudem auch noch um eine Ulme handelt (☞ S. 17)! Ganz ohne menschliche Hilfe geschah das übrigens nicht. Nachdem Anfang der achtziger Jahre das Schimpf-Gebäude vor dem Abriß und für eine Renovierung gerettet worden war, fiel dem verantwortlichen Architekten beim Setzen anderer Pflanzen das wilde Gewächs auf. Seither hat er diese Ulme im Auge, sie wurde irgendwann auch festgebunden und besser gesichert, denn es braucht nicht viel, um sich strenge Straßenverkehrs-Verantwortliche vorzustellen, die dem sanften Ausgreifen der drei Stämmchen in die Wilhelmstraße hinein gern ein endgültiges Ende setzen würden. Aber lästern wir nicht ohne Not: Sie haben's bisher nicht getan, und auch den Stadtgärtnern ist dieser Baum ein besonderer!

Neue Straße 10, Hinterhof (**43**):

Gehen Sie – während der Geschäftszeiten – in den Hinterhof des Anwesens. Hier wächst am Ende des Hofes, wo sich in ein paar Metern Höhe ein Durchgang zwischen den nächsten Häusern öffnet, ein sehr baumhafter Holunder quasi aus der Wand. Das ist nicht nur ein „tapferer Baum", der ist schon regelrecht halsbrecherisch!

Holzmarkt 7, Innenhof (**44**):

Eine sehr schön gewachsene, ansehnlich hohe Eiche beherrscht den Parkplatz in diesem Hof. Man kann sich gut vorstellen, daß dieser Baum eigentlich störte, als irgendwann in der Vergangenheit die Parkmöglichkeiten geschaffen wurden. Eher selten müssen Autos um ein solches „Hindernis" herumkurven. Aber diese Eiche hat sogar etwas Bodenfreiheit um sich herum, was sie bei dieser Größe sicher auch braucht. Oder ist der Zusammenhang auch umgekehrt richtig: Da auf sie noch einigermaßen Rücksicht genommen wurde, konnte sie derart eindrucksvoll hochwachsen?!

An der Hauswand rechts behauptet sich ein deutlich kleinerer Bergahorn, aber bemerkenswert sind außerdem ein weiteres Mal einige Birken. Wo hier Birken wären? Schauen Sie ringsum in Winkel und in die Höhe! Rätseln Sie aufs Neue über deren Verankerung. Es führt ansonsten kein Weg dran vorbei: Ulmen finden sich in der Altstadt wohl nur an extremen Plätzen und in obskuren Ecken: Haben Sie sie entdeckt?

Hinter der Stiftskirche (**45**):

Wenn Sie im Sommer hierherkommen, können Sie unter dem dichten Blätterdach der vier Platanen am Ende der begehbaren Fläche Schutz vor der Sonne finden. Zur rechten Zeit (während dreier Wochen in den Großen Ferien) abends sommerträge vorbeigeschlendert, werden Sie hoffentlich auch in den kommenden Jahren Glück haben und sich bei einem der seit 1996 stattfindenden Geschichten-Voreseabende hier auf Bänken niederlassen können, oder auf dem Boden, oder den Brüstungen – oder Sie haben als erfahrene TübingerIn Ihren Klappstuhl sowieso schon mitgebracht.

Aber besuchen Sie den Platz hinter der Kirche einmal im Winter. Fast absolut kahl präsentiert er sich. Die vier Platanen recken ihre gestutzten dicken Arme bemitleidenswert nackt in alle Richtungen und haben zudem sehr wenig offene Erde unter sich. Da dünne Äste selten sind, erwecken die vier fast den Eindruck künstlicher Objekte, von abstrakten Kunstwerken aus Beton oder Stahl. Oder sind gar dem alten Friedhofsgelände, das sich ungefähr bis zum Beginn des 16. Jahrhunderts an dieser Stelle befand, geisterhafte Schemen entsprungen und in der kalten Winterluft sogleich erstarrt? Nein, drehen wir den Spieß um: Was zu sehen ist, sind in Wirklichkeit Baumwurzeln, und hier wurden ein paar Bäume dummerweise verkehrtherum eingepflanzt.

Geben Sie Ihren anarchischen Phantasien Raum! Dazu sollten die Bäume Sie doch längst ein wenig angeregt haben!

Von der Brüstung zum Neckar hin fällt Ihr Blick auf eine doppel- bis mehrfachstämmige Winterlinde auf der nächstniedrigen Stufe des Stadthanges.

Auf dem Schulberg (**46**):

Auf der Höhe des Holzmarkts noch weiter hinauf: das ist der Schulberg! Ganz oben haben in dem schönen Gebäude verschiedene Gerichte ihr Domizil, und von hier aus gebärdet sich die Mühlstraße immer noch wie eine tiefe gefährliche Schlucht, aus der, jenseits des dicht baumbewachsenen Hangs herauf, das Brüllen ferner fremder Wesen dringt.

Die Geräuschkulisse muß ausgeblendet werden, daran führt kein Weg vorbei. Doch dann findet sich hier – am höchsten Punkt der Altstadt, abgesehen vom Schloßberg – ein bemerkenswert offener Ort. Der kleine Park ist leider nicht öffentlich zugänglich. Die Sträucher, die ihn umgeben, werden von einer kleineren Kastanie und einer auffallend mächtigen Birke beherrscht.

Den Platz zum tiefergelegenen Pfleghof nehmen zwei schöne, jeweils mehrstämmige Sommerlinden ein. Gegenüber, am Hang, finden Sie ein Gewusel aus sich verzweigenden Bergahornstämmen und eine weitere hochaufragende Stadtfichte. Noch einmal ist ein genauerer Blick angebracht: jenes Laubgehölz, das im Schatten des Nadelbaums mit zwei langen Astpartien um seinen Anteil am Licht kämpft, ist eine weitere der extremen Tübinger Stadtulmen. Ergänzen wir aber an diesem letzten Ulmenplatz, daß in der weiteren Stadt durchaus auch noch einige alte Exemplare zu finden sind. Bei der Alten Physik beispielsweise, gegenüber der Neuen Aula an der Gmelinstraße, stehen zwei große alte Ulmen, die eine zum Kupferbau hin, die zweite, noch eindrucksvollere, direkt an der Ecke Gmelin- und Nauklerstraße.

Damit sind wir am Ende dieses Tübinger Stadtbaum-Spaziergangs angelangt. Wir hoffen, er hat Ihnen gefallen und Sie neugierig auf mehr gemacht. Wir hoffen nämlich auch, daß Sie bereits längst einige interessante Baumstandorte entdeckt haben, über die wir kein Wort verloren haben. Das kann daran liegen, daß wir – gottseidank! – bereits innerhalb der Altstadt eine Auswahl aus den vorhandenen interessanten Plätzen treffen mußten.

Wir bilden uns andererseits keineswegs ein, alles an Lohnenswertem entdeckt zu haben. Worauf wird Ihr aufmerksamer Blick – jetzt auch auf anderes als die Architektur der Stadt gerichtet – in Zukunft wohl stoßen: in Gassen und Straßen, in Hinterhöfen und Gärten, oder einfach um die nächste Ecke herum?

Im folgenden geht es jetzt weiter mit den Bedingungen, unter denen Bäume in der Stadt zu leben haben!

Bodenversiegelung in der Stadt

Ein paar Worte vorneweg

Nach dem Spaziergang (oder schon währenddessen) kommt der eine oder die andere von Ihnen vielleicht auf den Gedanken, daß es schön wäre, wenn sich das Grün in der Stadt weiter ausdehnte. Was läßt sich hier tun?? Was für Probleme gibt es? Bäume sind Minderheiten in der Stadt. Ihr eigentlich heldenhaftes Trotzen gegenüber den lebensfeindlichen Bedingungen machen die Städter sich nur sehr selten bewußt.

Geringe offene Bodenfläche, Abgase, Abwasser von den Straßen, zum Teil Streusalz und abstrusere Dinge wie pinkelnde Hunde machen ihnen zu schaffen. Diese Baumprobleme stehen nun in einem direkten Zusammenhang mit der Stadtökologie und der Bodenversiegelung. Um die Stadtökologie im allgemeinen und die Bodenversiegelung im besonderen geht es im folgenden Text[8].

Was ist in den letzten Jahrzehnten geschehen?

Nach dem Zweiten Weltkrieg setzte ein rasantes Siedlungswachstum ein. Zwischen 1950 und 1985 erhöhte sich in den alten Bundesländern der Anteil der Siedlungsfläche an der Gesamtfläche von 7,5 % auf 12,5 %. Dies entspricht einem Flächenzuwachs von 60-170 ha pro Tag. In vielen Gemeinden sind die seit 1950 hinzugekommenen Siedlungsflächen größer als die alten Ortslagen selbst. Wir stehen hiermit vor einer Verdoppelung der Siedlungsfläche in weniger als 50 Jahren. Die Expansion der Siedlungsfläche vollzog sich nicht gleichmäßig über den Gesamtraum, sondern konzentrierte sich vor allem auf die Verdichtungsräume und deren Nachbarschaften. Die Hauptursachen für die starke Siedlungsflächenexpansion der Nachkriegszeit sind

- Bevölkerungszunahme durch die geburtenstarke Jahrgänge, seit Mitte der achtziger Jahre durch Wanderungsgewinne und damit starker Druck auf dem Wohnungssektor
- Wirtschaftswachstum, Bau ebenerdiger, flächenextensiver Produktionsstätten, Verlagerung von Produktionsstätten an die Peripherie der Städte, Bau

---

[8] Er ist stark angelehnt an die Arbeit von Dipl.-Geogr. Susanne Küchler. Auf diesem Weg möchte ich mich nochmals bei ihr dafür bedanken.

von großflächigen Einkaufszentren auf der grünen Wiese

- ◆ Wohlstand und damit einhergehendem größeren Flächenverbrauch pro Kopf (Die Wohnfläche pro Kopf stieg von 14,3 m^2 1950 auf 35,5 m^2 1987, Tendenz steigend)
- ◆ anhaltender Trend zu Kleinhaushalten und damit geringere Belegungsdichte pro Wohneinheit (zwischen 1970 und 1989 stieg die Bevölkerung der Region Neckar-Alb um 8 %, die Zahl der Haushalte aber um 27 %, die der Wohnungen um 42 %)
- ◆ zunehmende Motorisierung und Ausbau des Straßennetzes (Kfz-Bestand: 1950 [alte Bundesländer]: 2 Millionen Fahrzeuge; 1990: 35 Millionen Fahrzeuge); der Straßenbau wird momentan vor allem in den neuen Bundesländern massiv vorangetrieben
- ◆ im Sport- und Freizeitsektor Zunahme des Hallen- und Anlagenbaus
- ◆ Förderung der sozialpolitisch erwünschten Eigentumsbildung mit Erhöhung der Eigenheimquote vor allem im ländlichen Raum, ungebrochener Trend zum Ein-/Zweifamilienhaus, „Wohnen im Grünen".

Etwas Grundsätzliches zur Bodenversiegelung

Definitionen   Was ist nun aber eigentlich die „Bodenversiegelung", und warum ist sie so problematisch zu bewerten? Eine Definition von Böcker (Böcker, 1985, S. 58) hilft uns hier etwas weiter: Bodenversiegelung bedeutet, daß „offener Boden sehr stark verdichtet und mit impermeablen Substanzen wie Teer, Beton oder Gebäuden bedeckt wird. Die Austauschvorgänge zwischen Boden und Atmosphäre werden unterbunden. Dies gilt sowohl für den abiotischen [= unbelebten; Anm. d. Verf.] Bereich, wie Versickerung oder umgekehrt Verdunstung von Bodenwasser, Luftaustauschprozesse zwischen Boden und Luft, als auch für den biotischen [= belebten; Anm. d. Verf.] Bereich."

Als Versiegelungsgrad wird der durch Gebäude, Nebeneinrichtungen und Beläge überdeckte Flächenanteil an der Gesamtfläche einer räumlichen Bezugseinheit (Grundstück, Gemeindefläche, etc.) definiert.

Das Problem mit der Bodenversiegelung   Nach diesen Definitionen kommen wir zur Frage, warum eigentlich Bodenversiegelung nicht erstrebenswert ist. Dazu muß als erstes der Boden selber betrachtet werden: Der Boden erledigt wichtige Austauschfunktionen zwischen Gestein, Luft und Wasser und bildet deshalb ein zentrales Element des Naturhaushaltes. Für seine Entwicklung braucht er eine sehr lange Zeit. Die fruchtbaren Lößböden auf den Fildern bei Stuttgart oder im Strohgäu bei Leonberg haben für ihre Entwicklung von cirka

1 Meter Boden die Zeit von 10.000 Jahren gebraucht. Bei einzelnen Böden auf Kalkstein (zum Beispiel auf der Schwäbischen Alb), wie den tiefgründigen sogenannten Terra-fusca-Böden, wird inzwischen davon ausgegangen, daß sie sich schon seit dem Tertiär entwickeln, also seit über zwei Millionen Jahren (Schachtschabel, u.a., 1989, S. 417). Auch diese Böden sind gerade mal einen knappen Meter mächtig. Aushub und Deponierung durch Siedlungstätigkeit bedeuten demzufolge, daß ein in Jahrtausenden oder noch länger gewachsener Grundstoff jeglichen Lebens für immer zerstört wird. Ein neuer umgelagerter Boden kann zudem in den allermeisten Fällen den natürlichen Boden, dessen Eigenschaften sich erst in jahrtausendelanger Entwicklung ausgebildet haben, nur unzureichend ersetzen. Das ist, als wenn Jan Ullrich mit einem Dreirad zur Tour de France gehen würde.

Die konkreten Auswirkungen der Bodenversiegelung lassen sich in ökologischer Hinsicht in vier große Bereiche gliedern, die jedoch nicht nebeneinander stehen, sondern durch komplexe Wirkungszusammenhänge miteinander verknüpft sind. Diese sind:

– Wasserhaushalt
– Stadtklima
– Flora und Fauna
– Mensch

Die Wege des Wassers   Die Beeinträchtigungen des Wasserhaushaltes bestehen im wesentlichen aus vier Punkten:

- Veränderung des Bodenwasserhaushaltes
- Verringerung der Grundwasserneubildung mit der Gefahr einer Absenkung des Grundwasserspiegels
- Erhöhung der Menge und Geschwindigkeit des Oberflächenabflusses und der Gefahr von Hochwasserbildung
- Beeinflussung der Grundwasserqualität

Veränderung des Bodenwasserhaushaltes: Der Bodenwasserhaushalt wird vor allem charakterisiert durch die sogenannte „Feldkapazität". Sie gibt den Anteil des im Boden versickernden Wassers wieder, der dort als Haftwasser gehalten und nicht als Sickerwasser in tiefer gelegene Schichten weitergeleitet wird. Dieses Haftwasser verdunstet zu einem großen Teil wieder und trägt damit wesentlich zur Erhöhung der Luftfeuchtigkeit und Erniedrigung der Temperatur bei (Stadtklima). Ein Austrocknen des Bodens unterhalb der versiegelnden

Schicht führt zum Absterben von Straßenbäumen im Innenstadtbereich.

Verringerung der Grundwasserneubildung mit der Gefahr einer Absenkung des Grundwasserspiegels: Durch die Bodenversiegelung können die Niederschläge nicht in den Boden eindringen, sondern werden gesammelt und der Kanalisation zugeführt. Dieser Niederschlagsverlust ist dabei abhängig von der Bodenbelagsart (zum Beispiel Asphalt oder Rasengittersteine) und der Größe der versiegelten Fläche, ansonsten natürlich auch von höheren Temperaturen mit niedrigerer Luftfeuchtigkeit.

Beispiel Stuttgart (Landeshauptstadt Stuttgart, Stadtplanungsamt, 1989): Für die Fläche von Stuttgart wurde anhand des Bodenversiegelungsgrads ein Wert von ungefähr 37 Mio. m^3 Niederschlagsverlust pro Jahr ermittelt. Die Folgen sind:

- Verlust von Trinkwasser (Bodenseewasserversorgung für Stuttgart notwendig)
- Absenkung des Grundwasserspiegels (Gefährdung von Bäumen und Feuchtbiotopen, Versteppung)
- finanzielle Belastung der Kommunen durch notwendigen Ausbau der Kanalisation und von Regenrückhaltebecken
- Zunahme von Hochwasserspitzen durch oberirdischen Abfluß (Überschwemmungen, Beispiele: Heidelberg, Köln)

Erhöhung der Menge und Geschwindigkeit des Oberflächenabflusses und Gefahr der Hochwasserbildung: Auf versiegelten Flächen finden sich eine erhöhte Abflußrate und Abflußgeschwindigkeit. Das Wasser wird zum Gewässer geleitet und sammelt sich dort. Je nach klimatischen und geologischen Gegebenheiten schwanken die Abflußvolumina um das drei- bis siebenfache des Versiegelungsgrades, d.h. bei 10% Versiegelung steigt das Abflußvolumen um 30 bis 70%. Außerdem sind Hochwasserschäden auf die Kanalisation und die damit verbundene Versiegelung von Bach- und Flußläufen zurückzuführen.

Ein weiteres Problem birgt das Kanalisationsnetz selbst. Die häufigste Art der Kanalisation stellt das billigere Mischwassersystem dar (Haushalts- und Regenwasser in einem Kanalnetz). Bei Starkregen laufen die Kläranlagen häufig über, wobei der Vorfluter[9] selbstverständlich belastet wird. Diese Überläufe sind derzeit eine der wichtigsten Quellen der Gewässerverschmutzung.

Beeinflussung der Grundwasserqualität: Die Fähigkeit des Bodens, das Wasser beim Durchgang von Schadstoffen zu reinigen ist vor allem in Bezug auf die Trinkwassergewinnung wichtig. Im Boden laufen hierbei verschiedene Prozesse ab (Filtration, Fällung, Pufferung, Oxidation/Reduktion und Aufarbeitung der Schadstoffe durch Mikroorganismen). Durch eine Vollversiegelung werden diese Prozesse unterbunden.

Die Stadt – ein heißes Pflaster   Durch den hohen Versiegelungsgrad städtischer Gebiete kommt es zur Herausbildung eines spezifischen Stadtklimas. Die wichtigsten Merkmale sind dabei:

- Luftverunreinigung (5-25mal mehr)
- Temperaturerhöhung vor allem im Sommer (Treibhauseffekt durch Smog, Beton erhitzt sich schneller als Erde oder Wasser, Heizungen)
- Erniedrigung der Luft- und Bodenfeuchtigkeit (cirka 10 % weniger). Durch höhere Temperaturen und durch geringere Verdunstung [weniger Pflanzen, offener Boden und Wasserflächen] wird die Luft trockener.
- Reduzierung der Sonneneinstrahlung durch Smog (10-20 %, im Winter bis 30 % weniger)
- verstärkte Nebelbildung (Winter 100 % mehr, Sommer 30 % mehr) durch:
    - häufigere Inversionswetterlagen: Beton kühlt deutlich schneller ab als Erde oder Wasser. Dadurch ist im Morgengrauen die Luft am Boden häufig kühler als in der Höhe. Die Luft kann nicht in die Höhe steigen, und es bildet sich Nebel.
    - geringe Windstärken (20-30 % weniger): die Häuser bremsen den Wind ab, so daß er häufig nicht mehr in der Lage ist, den Nebel zu vertreiben.

In der modernen Stadtplanung hat sich deshalb die Untersuchung und Beachtung von Kaltluftstromgebieten etabliert, die vor allem nachts für einen Austausch der verschmutzten Luft sorgen. Kaltluftstromgebiete sind möglichst von der Bebauung freizuhalten oder entsprechend niedrig bzw. in der Windstromrichtung zu bebauen.

Über versiegelten Flächen erwärmt sich die Luft schneller und stärker als

---

[9] Offenes Gewässer, das abfließendes Wasser aus Gerinnen niedriger Ordnung, aus Grundwasserkörpern, Hangwasser- oder Oberflächenabflußsystemen aufnimmt. Praktisch jedes Gewässer erfüllt gegenüber anderen Wasservorkommen Vorfluterfunktionen.

über Vegetation. Diese mit Staubpartikeln und Spurengasen angereicherte Warmluft steigt nach oben und bildet eine Dunstglocke über der Stadt, wodurch die Sonneneinstrahlung vermindert wird. Inversionen führen zum Sommersmog.

In der Stadt werden sehr viele Schadstoffe gebildet, andererseits aber durch die infolge der Versiegelung mangelnde Vegetation nur wenig herausgefiltert. Vor allem ist die Anzahl der Staubpartikel um ein Vielfaches erhöht. Im Durchschnitt finden sich pro cm^3 Luft folgende Anzahl von Staubkernen (Deutscher Dachgärtnerverbund e.V. Baden-Baden (Hrsg.), 1989):

- Ozean: 940
- Land: 9.500
- Kleinstadt: 34.000
- Großstadt: 147.000

Diese starke Belastung der Luft führt zu einer Vielzahl von Erkrankungen, unter anderem:

- Asthma und Allergien
- Erkrankungen der Atmungsorgane
- Bindehautentzündungen
- Migräne und Schlafstörungen
- Herz-Kreislauferkrankungen
- Leistungs- und Konzentrationsschwächen
- Unfruchtbarkeit

Infolge der starken Erwärmung der Stadtluft gegenüber dem Umland bilden sich sogenannte „Wärmeinseln".

Innerhalb der bebauten und versiegelten Siedlungsgebiete gewinnen die Vegetationsflächen eine besondere Bedeutung. Neben ihrer dämpfenden Wirkung auf das Stadtklima (Erhöhung der Luftfeuchtigkeit, Erniedrigung der Temperatur infolge fehlender Speicherung von Wärme, Schattenwurf, Filterung von Luftstäuben, Förderung von Luftkreisläufen) kommt vor allem der Sauerstoffproduktion eine besondere Bedeutung zu. Der Sauerstoffgehalt in der Stadt ist deutlich geringer als auf dem Land, was sich bei Inversionswetterlagen nochmals verschärft. Vegetationsflächen mit Büschen und Bäumen bieten eine Herabsetzung des Lärmpegels und sind innerhalb stark versiegelter Stadtbereiche unverzichtbar (Anstieg der Herzinfarktrate bei Streß durch Lärm). Vegetationsflächen führen durch ihren ästhetischen Reiz zur Verbesserung des Wohnumfeldes und damit zu einer Erhöhung der Wohnzufriedenheit innerhalb des Wohnquartiers.

Dadurch werden Absonderungserscheinungen innerhalb der städtischen Wohnbevölkerung und die damit verbundenen Ghettobildungen gemildert.

In stark versiegelten Gebieten kommt zur Verbesserung des Klimas vor allem der Pflanzung von Bäumen und der Fassadenbegrünung eine besondere Bedeutung zu. Über das Kleinklima hinaus haben allerdings nur Grünflächen von mehr als 1 ha Größe temperatursenkende Auswirkungen auf angrenzende stark belastete Wohngebiete.

Pflanzen und Tiere in der Stadt   Innerstädtische Lebensgemeinschaften leben vor allem in Parkanlagen, Friedhöfen, Kleingärten, Brachflächen, Verkehrsbegleitgrünflächen sowie auf Grünflächen von Fassaden und Dächern. Die vorhandene Population der Vegetation ist stark von anthropogenen Gestaltungsvorstellungen und Pflegemaßnahmen abhängig. Es hat sich jedoch gezeigt, daß die Auswirkungen der Versiegelung auf Flora und Fauna unübersehbar sind. Dies sind insbesondere:

♦   die Verinselung von Lebensräumen und damit die Isolierung von Arten innerhalb eines Biotops
♦   die Herausbildung wärme- und trockenheitsliebender Standortgemeinschaften vor allem auf städtischen Brachflächen
♦   die Verdrängung weniger anpassungsfähiger Arten
♦   das Absterben von Bäumen infolge Wassermangels und Luftverschmutzung (Baumscheiben[10] sollten daher mindestens drei Meter Durchmesser haben.)

Lärm für den Menschen   Abgesehen von Gesundheitsrisiken durch das spezielle Stadtklima, welches schon im Abschnitt „Die Stadt – ein heißes Pflaster" besprochen wurde, und ästhetischen Gesichtspunkten, bewirkt die Bodenversiegelung eine deutliche Mehrbelastung an Lärm. Neben der besonderen Dichte der Geräuscheverursacher wirken die Gebäude als Echo im Gegensatz zum „Geräuscheschlucker" Wald. Ab einem gewissen Geräuschpegel ergeben sich Gesundheitsrisiken für den Menschen, so zum Beispiel Risiken für das Herz-Kreislaufsystem, Ohrensausen, Schwerhörigkeit und Schwindelgefühle. Dabei nahm in den achtziger Jahren der Anteil der sich belästigt fühlenden Bevölkerung in Deutschland deutlich zu (UBA, 1992, S. 509).

---

[10]   Unter Baumscheiben versteht man den für die Versickerung und Verdunstung freigelassenen Bereich am Stammfuß des Baumes.

Was läßt sich denn nun gegen Bodenversiegelung tun?

Der rechtliche Rahmen Nachdem die Auswirkungen der Bodenversiegelung deutlich geworden sind, möchte der eine oder die andere vielleicht auch etwas dagegen tun. Aber was kann man eigentlich machen? Die Größe der Bevölkerung ist nun einmal gegeben, und niemand zieht freiwillig in eine kleinere Wohnung. Auch der Wunsch, im Grünen zu leben, ist menschlich.

Der rechtliche Rahmen für die behördlichen Handlungsmöglichkeiten zur Einschränkung von Bodenversiegelung wird bestimmt durch die Regelungsbereiche verschiedener Rechtsgebiete. Dies sind insbesondere das Bauplanungsrecht (bauliche und sonstige Nutzung des Bodens), das Straßenplanungsrecht (Nutzung von Boden für verkehrliche Zwecke), das Natur- und Landschaftspflegerecht (Schutz, Pflege und Entwicklung der natürlichen Bodenfunktionen) und das Wasserrecht (Ermöglichung einer umfassenden Versickerung von unverschmutztem Niederschlagswasser in unversiegeltem Boden oder über technische Versickerungsanlagen). Hierbei nimmt das Bauplanungsrecht eine zentrale Funktion ein. Nichtsdestotrotz besteht die gegenseitige Pflicht zur Beachtung der Anforderungen des jeweiligen anderen Rechtsgebietes. Diese Anforderungen wirken zum Teil verbindlich, zumindest aber abwägungserheblich[11].

Durch den § 8 Bundesnaturschutzgesetz (BNatSchG) wird die naturschutzrechtliche Eingriffsregelung in der Bauleitplanung festgelegt. Danach ist der Verursacher eines Eingriffs in Natur und Landschaft verpflichtet, vermeidbare Beeinträchtigungen zu unterlassen sowie unvermeidbare Beeinträchtigungen durch Maßnahmen des Naturschutzes und der Landschaftspflege auszugleichen (Ausgleichsregelung). Der § 8a BNatSchG konkretisiert dies in Bezug auf die Bauleitplanung. Danach müssen die Gemeinden Festsetzungen treffen, die Eingriffe im Geltungsbereichs der Bauleitpläne ausgleichen, ersetzen oder mindern.

Die Bauleitpläne setzen sich aus dem Flächennutzungsplan und den Bebauungsplänen zusammen. Der Flächennutzungsplan gilt als vorbereitender Bauleitplan und gibt die gewünschte Art der Bodennutzung der gesamten Gemeinde wieder. Er dient als verbindlicher Bezugspunkt für den Bebauungsplan. Der Bebauungsplan ist für jedermann rechtsverbindlich und gibt Art und Maß

---

[11] Abwägungserheblich: Die anderen Rechtsgebiete (z.B. Wasserrecht, Straßenplanungsrecht) müssen ohne Prioritätsstufe bei der Entscheidungsfindung im Einzelfall auf alle Fälle beachtet werden. Werden sie bei der endgültigen Entscheidung schließlich nicht berücksichtigt, so muß dies schriftlich begründet werden.

der baulichen Nutzung für ein Teilgebiet der Gemeinde wieder. Für den städtischen Bodenschutz bildet er das wichtigste Werkzeug. In diesen beiden Plänen können verschiedene Dinge festgelegt werden. Für den Flächennutzungsplan sind das folgende:

- Darstellung von Gefahrenquellen für das Grundwasser und mögliche Maßnahmen zu dessen Schutz.
- Darstellung von bestimmten Entwässerungskonzepten im Hinblick auf Hochwassergefahren
- Schaffung eines Freiflächenverbundsystems (Freiflächen stehen als Windkanäle miteinander in Verbindung)
- Zuordnung von Neubaugebieten zu vorhandenen Infrastruktureinrichtungen
- Darstellung von Versiegelungsgraden für das gesamte Gemeindegebiet
- Darstellung von Maßnahmeschwerpunktgebieten für Entsiegelungsmaßnahmen

Beim Bebauungsplan sind folgende Punkte besonders relevant für die Verringerung von Bodenversiegelung:

- Art (zum Beispiel reines Wohngebiet) und Maß (zum Beispiel Festlegung der Grundflächenzahl[12]) der baulichen Nutzung
- Bauweise, die überbaubaren und nicht überbaubaren Grundstücksflächen sowie die Stellung der baulichen Anlagen (zum Beispiel parallel zum Kaltluftstrom)
- Mindest- und Höchstmaße für die Größe, Breite und Tiefe der Baugrundstücke
- freizuhaltende Flächen und ihre Nutzung
- Verkehrsflächen
- Wasserflächen
- Maßnahmen zum Schutz, zur Pflege und zur Entwicklung von Natur und Landschaft
- freizuhaltende Schutzflächen
- Anpflanzen von Bäumen, Sträuchern oder sonstigen Bepflanzungen
- verpflichtende Vorgaben für Bepflanzungen und für die Erhaltung von Bäumen, Sträuchern und sonstigen Bepflanzungen sowie von Gewässern

---

[12] Die Grundflächenzahl gibt an, wieviel m^3 Grundfläche z.B. eines Gebäudes je m^3 Grundstücksfläche zulässig sind, d.h. überbaut werden dürfen.

Kompensationsmaßnahmen: schon ein bißchen besser! Erste Ansatzpunkte zur Verbesserung der Stadtökologie sind Kompensationsmaßnahmen. Diese verringern nicht die Bodenversiegelung, wirken sich aber günstig in Bezug auf verschiedene Probleme wie Luftreinhaltung, Lärmschutz, Klimaverbesserung, Wärmedämmung und in ästhetischem Sinne aus.

Hierzu zählt die Fassaden- und Dachbegrünung. Sie ist dort empfehlenswert, wo die Bebauung einen hohen Verdichtungsgrad aufweist oder aber große Wand- bzw. Dachflächen vorhanden sind. Fassadenbegrünungen sind wenig kostenintensiv und bei immergrünen Gewächsen auch wenig pflegeintensiv. Nur bei unsachgemäßer Anlage sind Wandbeschädigungen möglich. Anders ist dies bei Dachbegrünungen. Sie erfordern eine spezielle Dachkonstruktion und einen besonderen Schichtaufbau, was kosten- und je nach Art pflegeintensiv sein kann. Ein großer Vorteil der Dachbegrünung ist aber, daß sie im Winter bis zu 50 %, im Sommer sogar bis zu 70 % des Niederschlagswassers zurückhalten und es wieder verdunsten kann.

Um die Spitzen der Mischentwässerung in der Kanalisation abzumildern, gibt es verschiedene Möglichkeiten der Regenwasserrückhaltung. Bei der zentralen Regenwasserrückhaltung wird das Niederschlagswasser von Einzelgrundflächen zu größeren öffentlichen Rückhaltebecken geleitet. Von hier aus gelangt das Wasser mit zeitlicher Verzögerung in den Vorfluter, wobei durch naturnahe Gestaltung oder technische Anlagen eine gewisse Selbstreinigung bzw. Vorklärung erfolgt. Dies wird auch in Tübingen praktiziert, doch ist das einzige Regenrückhaltebecken in der Kläranlage Tübingen bei Starkregen hoffnungslos überfordert. Ein weiteres Regenrückhaltebecken ist geplant, aber es fehlen eigentlich Platz und Geld.

Dezentrale Kleinspeicher werden dagegen auf den Einzelgrundstücken von Firmen und Privatleuten selbst errichtet. Es handelt sich dabei vor allem um Zisternen oder Becken in unmittelbarem Anschluß an Fallrohre von Dachflächen oder Terrassen. Hiermit gekoppelt ist häufig eine Brauchwassernutzung, zum Beispiel für die Gartenbewässerung. Selten, weil noch relativ neu, sind modifizierte Entwässerungsverfahren. Hier wird das abfließende, weitgehend unverschmutzte Wasser von Dächern, Gehwegen und Höfen getrennt den Vorflutern zugeführt. Wichtig dabei ist aber, daß das Wasser zuvor eine Reinigung durch Versickerung auf Grasdächern, in Grünmulden, Teichen oder Grünanlagen erfahren hat, um die ökologische Belastung der Gewässer so gering als möglich zu halten.

Echte Maßnahmen: richtig gut! Zu den echten Maßnahmen zur Verminderung von Bodenversiegelung gehören die *Hofbegrünungsprogramme*. Einige Städte wie München und Stuttgart haben spezielle eigene Anreizprogramme zur Förderung von Wohnumfeldverbesserungen auf privaten Grundstücken eingerichtet, deren Ziel in der Erhöhung der Aufenthaltsqualität und der Entsiegelung privater Hofflächen liegt. Neue Anlagen von Tiefgaragen sind aber aus der Sicht des Bodenschutzes nicht sinnvoll.

Nach einer Untersuchung des Instituts für Stadtforschung und Strukturpolitik 1987 in Berlin, München und Freiburg lassen sich etwa 30-35 % des Straßenraumes entsiegeln und bepflanzen bzw. mit einem versickerungsfreundlichen Belag versehen. Die Maßnahmen zur Entsiegelung im Straßenraum stellen daher einen bevorzugten Ansatzpunkt dar, vor allem auch, weil hier die direkten kommunalen Zugriffsmöglichkeiten größer sind als bei den privaten Flächen. Folgende Möglichkeiten für die Entsiegelung ergeben sich dabei:

- Fahrbahnverengung
- Anlage von bepflanzten Ober- und Unterstreifen bei Gehwegen, in denen das vom Gehweg abfließende Wasser versickern kann.
- Rückbau von Fahrbahnflächen im Kreuzungsbereich und Anlage von Pflanzbeeten
- Anlage von bepflanzten Mittelstreifen
- Baumpflanzungen und Vergrößerung von Baumscheiben
- Belagsänderung auf Geh- und Radwegen sowie bei Stellplätzen (zum Beispiel Ersatz von Asphalt durch Rasengittersteine)
- Senkrechtstellung von Stellflächen im Straßenraum

In einigen Städten wurden im Zuge der Rekultivierung von Brachflächen private Grundstücke von der Gemeinde aufgekauft und in öffentliche Grünflächen umgewandelt. Gewerbeflächenrekultivierungen sind allerdings sehr kostenintensiv, da eine umfangreiche Bodensanierung beim Vorhandensein von Altlasten in den meisten Fällen unumgänglich ist. Aus stadtklimatischer Sicht ist die Schaffung größerer zusammenhängender Grünflächen jedoch sehr viel wirkungsvoller als die Etablierung vieler kleinerer Maßnahmen.

Lösungen für die Aufgaben

(A1), S.17:
Eine zweite Gleditschie findet sich schräg vor dem Eingang der Johanneskirche, bei den Parkplätzen.
Eine weitere stand am Stadtgraben.

(A2), S.18:
Baumzahl: ca. 28000, davon an Straßen ca. 22500, der Rest in Grünanlagen

(A3), S. 21:

Siedlungsflächen:	20,3 %
landwirtschaftlich genutzte Flächen:	29,5 %
	(1995 = 3172 ha)
Waldflächen:	48,1 %
	(1995 = 5181 ha)
Wasserflächen:	1,1 %
sonstige Flächen:	1,0 %

(A4), S.26:
– Hier war noch eine Baustelle samt Materiallager von der Schloßsanierung. Das wurde jetzt aufgeräumt: Bauschutt kam raus, verrostete Zäune etc.
– Wildwuchs hob in Mauernähe diese an.
– Die Sichtbarkeit spielte aus Denkmalschutzamtssicht auch noch eine Rolle!
In Zukunft soll Selektion praktiziert werden: Ahorn darf hochkommen, Wildwuchs nicht. Die alten Zwetschgen bleiben, bis sie sterben, dann sollen sie durch längerlebige Wildbirnen und Wildäpfel ersetzt werden. (Einige wurden bereits gesetzt.)
Ansonsten stellt das (hier verantwortliche) Liegenschaftsamt fest:
– Tiere haben in Zukunft weitgehend Frieden: Es findet nur noch zweimal jährlich ein Wiesenschnitt statt.
– Vier kaputte Ulmen wurden gefällt, das Altholz für Insekten liegengelassen.
– Nicht zugänglich ist der Hintere Schloßgraben auch wegen der Kellerausgänge, hinter denen Fledermäuse hängen. Zum Beispiel besteht die Gefahr, daß Kinder an den Kellergittern rütteln und die Tiere so aufscheuchen.

(A5), S.26:
Nach dem Zweiten Weltkrieg wurde jeder verfügbare Platz in Tübingen für den Lebensunterhalt genutzt. So wurde auch der Schloßgraben als „Gärtle" verpachtet und in der Folge unter anderem ein Obstgarten angelegt.

(A6), S. 29:
ca. 800000

(A7), S. 29:
1600m^2

(A8), S. 29:
25m^2 reichen pro Mensch = für mehr als 60 Menschen reicht der ganze Baum.

(A9), S. 36:
Kastanie

(A10), S. 70:
eine weitere Ulme

(A11), S.71:
Am besten sieht Nr. 1 aus, dann folgt Nr. 2, dann Nr. 3.
Vorausgesetzt, die Bäume entsprachen sich auch weitgehend in ihrer individuellen Ausprägung, könnte man als einen von mehreren Gründen für die unterschiedliche Entwicklung sicher das Ausmaß der Bodenfreiheit der drei Stämme ansehen. Aber eindeutig am meisten Platz hat Nr. 2, Nr. 3 muß sich mit herzlich wenig Freiraum zufriedengeben muß – aber das gilt auch für Nr. 1. Es müssen also noch andere Gründe verantwortlich sein, beispielsweise die jeweiligen Bedingungen im versiegelten Untergrund an den drei Wuchsplätzen.

(A12), S.95:
Er sollte resistent sein gegen:
– Bodenverdichtung,
– Abgase
– Luftbewegung
– erhöhte Temperatur
– erhöhte Lichteinstrahlung
– Hunde-Urin
– Einbetoniertsein von oben
– eingeschränkten Wurzelraum
– gestörte Niederschlagsaufnahme
– Bodenverunreinigungen
Er sollte äußerlichen Bedingungen genügen:
– pyramidenförmiges Profil
– schneidbar
– auto/lkw-gerecht hoch

– von Baumschule getrimmt
– keine herunterfallenden Früchte
– entsprechend ausgebildete Krone und Wurzeln sowie Platz für ihn

sinnvolle Schutzmaßnahmen:
– Rammschutz
– Abdeckung gegen Bodenverdichtung
– verschiedene Arten der Bodenentsiegelung

(A13), S.98:
Diese Robinie steht im Stiefelhof. Sie erreichen dieses Quartier, wenn Sie zum Beispiel nächst der Johanneskirche in die Neustadtgasse einbiegen, sich dann rechts halten und so bald als möglich wieder rechts einbiegen.

(A14), S.98:
ca. 40 Arten: Amsel, Bläßhuhn, Blaumeise, Buchfink, Buntspecht, Dohle, Eichelhäher, Gartenbaumläufer, Gartengrasmücke, Gimpel/ Dompfaff, Grauschnäpper, Grünfink, Grünspecht, Haubenmeise, Hausrotschwanz, Haussperling, Haustaube, Heckenbraunelle, Höckerschwan, Kernbeißer, Klappergrasmücke, Kleiber, Kohlmeise, Mauersegler, Mönchsgrasmücke, Rabenkrähe, Rotkehlchen, Singdrossel, Sommergoldhähnchen, Star, Stieglitz, Stockente, Sumpfmeise, Türkentaube, Turmfalke, Wacholderdrossel, Wendehals, Wintergoldhähnchen, Zaunkönig, Zilpzalp

Anhang

Nützliche Adressen

Wir, die Autoren dieses Führers, sind zu erreichen über das

Tübinger Umweltzentrum, Kronenstr. 4, 72070 Tübingen, Tel. 51011.

Im UWZ können Sie sich während der Beratungszeiten (Mo, Mi, Fr: 9-12) bei Fragen zu Umweltproblemen in Wohnung und Haus, lokal wie überregional bis global informieren lassen oder Hinweise bzw. Adressen zu weiteren Informationsquellen erhalten.

Umweltbeauftragte der Stadt Tübingen, Frau Hartmann, Tel.: 204-390
Stadtgärtnerei, Herr Mang, Tel.: 797013
Staatliches Liegenschaftsamt, Schnarrenbergstr. 1, 72076 Tübingen,
Tel.: 2979023

Literatur

Verwendete Titel in den ersten beiden Kapiteln:
Aas, G. & Riedmiller, A (1992). *Laubbäume – bestimmen, kennenlernen, schützen.* München: Gräfe und Unzer.
Banfi, E & Consolino F. (1998). *Bäume – in Garten, Park und freier Natur.* Klagenfurt: Neuer Kaiser Verlag.
Dobat, K. & Lelke, S. (1994^2). *Der merk-würdige Baum. Wissenswertes über die wichtigsten Baumarten im Landkreis Tübingen.* Tübingen: Verlag Schwäbisches Tagblatt.
Dörner, D. (1989). *Die Logik des Mißlingens.* Hamburg: Rowohlt.
Fischer, Susanne (unb.). *Blätter von Bäumen.* Frankfurt: Zweitausendeins.
Godet, J.D. (1987). *Bäume & Sträucher.* Melsungen: Neumann-Neudamm.
Harrison, R. P. (1992). *Wälder. Ursprung und Spiegel der Kultur.* München: Hanser.
Herder, W. de & Veen, C. van (1984). *Unsere Bäume im Winter.* Stuttgart: Franckh'sche Verlagshandlung.
Kremer, B. P. (1992). *Wildfrüchte.* Stuttgart: Franckh-Kosmos.
Kressmann, P. (1979^2). *Die Bäume Europas.* Hamburg: Parey.

Mang, M. (1984). *The Restorative Effects of Wilderness Backpacking*. Dissertation. Irvine: University of California.

Mitchell, A. & Wilkinson, J. (1982). *Pareys Buch der Bäume*. Hamburg: Parey.

Rothmaler, W. (1985). *Exkursionsflora*. Berlin: Volk und Wissen.

Schriftenreihe *Baum des Jahres* des Kuratoriums Baum des Jahres

Stadt Tübingen, Umweltbeauftragte (Hg.) (1993). *Stadtökologischer Rundgang*. Tübingen: Stadtverwaltung.

Stern, H. et al. (1983). *Rettet den Wald*. München: Heyne.

Verwendete Titel im Kapitel über Bodenversiegelung:
Deutscher Dachgärtnerverband e.V. Baden-Baden (Hrsg.) (1989). *Vom Flachdach zum Dachgarten.-* Internationales Dachgärtnersymposium Stuttgart; 2.-3. Mai 1989.- Stuttgart.

Küchler, S. (1997). *Bodenversiegelung in Baugebieten.-* Script zur Weiterbildungsmaßnahme „Bodenschutz – GIS – Umweltmanagement".- Tübingen.

Landeshauptstadt Stuttgart, Stadtplanungsamt (Hrsg.) (1989). *Bericht zur Bodenversiegelung in Stuttgart*. (= Beiträge zur Stadtentwicklung 27).

Schachtschabel, P. u.a. (1989). *Lehrbuch der Bodenkunde*. Stuttgart: Enke.

Umweltbundesamt (1992). *Daten zur Umwelt*. Berlin: Erich Schmidt.

Interessante Bücher zum Weiterlesen
(nicht alle sind noch im Buchhandel erhältlich):
Dobat, K. & Lelke, S. (1994²). *Der merk-würdige Baum. Wissenswertes über die wichtigsten Baumarten im Landkreis Tübingen*. Tübingen: Verlag Schwäbisches Tagblatt.
Weiterhin zu reduziertem Preis beim Schwäbischen Tagblatt erhältlich – und lohnenswert! Im Unterschied zum vorliegenden Führer haben die Autoren einzelne eindrucksvolle Bäume im gesamten Stadtgebiet und darüber hinaus ausgewählt und beschrieben.

Fischer, Susanne (unb.). *Blätter von Bäumen*. Frankfurt: Zweitausendeins.
Ausführliche Darstellungen einzelner Baumarten mit überlieferter Bedeutung, Geschichten u.vor allem vielen Rezepten zu verwendbaren Teilen der Bäume.

Fröhlich, H. J. (ca. 1995). *Wege zu alten Bäumen, Bd. 12 – Baden Württemberg*. Frankfurt: WDV Wirtschaftsdienst.
Ein sehr schöner kleinformatiger Führer mit Karten und Beschreibungen,

samt einem Kapitel über den Schönbuch.

Grill, B. & Kriener, M. (Hg.) (1984), *Er war einmal. Der deutsche Abschied vom Wald*. Gießen: Focus.
Obgleich älter, weiterhin lesenswerte Aufsatzsammlung über wissenschaftliche, politische wie persönliche Aspekte der Auseinandersetzung mit dem Waldsterben.

Haerkötter, G. & M. (1989). *Macht und Magie der Bäume. Sagen – Geschichte – Beschreibungen*. Frankfurt: Eichborn.
Ausführliche Darstellungen einzelner Baumarten, unter anderem auch viele schöne Baumgedichte.

Hark, H. (1986). *Traumbild Baum. Vom Wurzelgrund der Seele*. Olten: Walter.
An der Jungschen Psychologie orientierte Analyse von Bäumen in Träumen.

Harrison, R. P. (1992). *Wälder. Ursprung und Spiegel der Kultur*. München: Hanser.
Immens lesenswert; anders als Struss ist Harrisons Werk geradezu eine philosophische Auseinandersetzung mit der Bedeutung von Wald und Wildnis, von Natur gegenüber der Kultur und Zivilisation, die vor allem auch literarische und architektonische Werke der Vergangenheit und Gegenwart einbezieht.

Hetmann, F. (1988). *Baum und Zauber*. München: Goldmann.
Gleichermaßen nüchtern auf ökologische Sachverhalte eingehend wie die spirituellen Dimensionen der menschlichen Beziehung zu Bäumen durch die Geschichte behandelnd.

Hohler, F. (1988). *Die Rückeroberung. Erzählungen*. Darmstadt: Luchterhand.
Die Titelgeschichte müssen Sie einfach kennen, wenn Sie Natur in der Stadt fasziniert!

Maxeiner, Dirk & Miersch, Michael (1999(1996)). *Öko-Optimismus*. Hamburg: Rowohlt.

Maxeiner, Dirk & Miersch, Michael (1998). *Öko-Irrtümer*. Frankfurt: Eichborn.
Zwei ob ihrer optimistischen Sicht auf die Entwicklung der Umwelt-Probleme umstrittene, aber höchst diskussionswürdige Bücher. Während der Öko-Optimismus polemischer gegen – nach Meinung der Autoren – allzu negativ orientierte Umweltschützer zu Felde zieht, sind die Öko-Irrtümer ein deutlich nüchterneres Lexikon. In beiden Büchern finden sich Kapitel und Beispiele zur Natur in der Stadt.

Reinicke, H. (1987). *Märchenwälder. Ein Abgesang.* Berlin: Transit.
Ein Essay über Waldnutzung und Geschichten aus den Wäldern, poetisch geschrieben, ebenso wunderschön wie traurig und zornig machend.

Schama, S. (1996(1995)). *Der Traum von der Wildnis – Natur als Imagination.* München: Kindler.
Ein Ziegelstein im Bücherregal und eine Zehenquetschung, wenn er runterfällt: ein Wälzer also! Aber eine faszinierende, materialreiche, mit vielen Bildern aus der Kunstgeschichte ausgestattete Reise in die „Natur als kulturelle Erfindung".

Schütt, P. (1984). *Der Wald stirbt an Streß.* München: Bertelsmann.
Der Klassiker zur Waldschadensproblematik. Vor allem in der einige Jahre später erschienenen Taschenbuchausgabe weiterhin lesenswert.

Struss, D. (1986). *Reisen in die Tiefe des Waldes. Die Geschichte der Bäume unter der Herrschaft des Menschen.* München: Schönbergers.
Eine gut zu lesende Kulturgeschichte der Bäume.

Vester, Frederic (1986[2]). *Ein Baum ist mehr als ein Baum.* München: Kösel.
Was ist ein Baum wert - in Mark und Pfennig? Aber seine Zahlen entwickelt Vester nicht als knallharter Geschäftsmann, sondern als jemand, der etwas von Ökologie versteht, die vielfältigen Funktionen von Bäumen einrechnet und die Ökonomen mit ihren eigenen Waffen packt.

Wilson, Edward O. (1995(1992)). *Der Wert der Vielfalt. Die Bedrohung des Artenreichtums und das Überleben des Menschen.* München: Piper.
Ein großes und engagiertes Buch, jüngst auch als Taschenbuchausgabe erschienen. Hier wird ein Bild der Welt gezeichnet, in dem Reichtum und Fülle nicht Luxuszugabe für ihr Funktionieren darstellen, sondern lebensnotwendig sind.

Quellennachweise der Gedichte und Abbildungen:

S. 16: Fichte Hölderlinturm, aus „Der merk-würdige Baum" von K. Dobat & S. Lelke, Verlag Schwäbisches Tagblatt, Tübingen.

S. 20: Ludwig Uhland, „Die Zufriedenen", aus Virtuelle Bibliothek „Projekt Gutenberg-DE" (Internet: http://gutenberg.aol.de)

S. 37: Pappel, aus: „Der merk-würdige Baum"

S. 47: Karl Heinrich Waggerl, Heiteres Herbarium, Otto-Müller, Salzburg, S. 40

S. 67: Foto Lange Gasse, Schwäbisches Tagblatt, Tübingen

S. 70: Theodor Fontane, „Der Eibenbaum im Parkgarten des Herrenhauses", aus „Wanderungen durch die Mark Brandenburg", Bd. 2, in Sämtliche Werke. Hanser, München, 1967.

S. 78: Jakob von Haddis, „Weltende", in Helmut Hornbogen, „Tübinger Dichter-Häuser", Verlag Schwäbisches Tagblatt, Tübingen

S. 83: Gleditschie/Maulbeere, aus „der merk-würdige Baum"

S. 84: Foto „Parkplatzära": Hans Paysan

U4: Stadtplan: © Städteverlag, E. v. Wagner & J. Mitterhuber GmbH, Steinbeisstr. 9, 70736 Fellbach

Sämtliche weiteren Fotos: Bernhard Lehr oder Martin Wambsganß

Über die Autoren

Bernd Gerstenberger ist Diplom-Geograph und lebt inzwischen in Bonlanden.
Bernhard Lehr ist promovierter Chemiker und lebt inzwischen in Freiburg.
Martin Wambsganß ist Diplom-Psychologe und lebt weiterhin in Tübingen.

Alle drei haben über viele Jahre hinweg im AK Wald des Tübinger Bund für Umweltschutz an zahlreichen Aktionen mitgewirkt, bei denen Aufklärung über den Zustand und die Zukunft des Waldes im Mittelpunkt standen. Den Zielen des BfU folgend waren dabei nicht nur klassischer Naturschutz, sondern ebensosehr politisches Nachdenken und Handeln angesprochen. Dieses Büchlein ist ihre Abschlußarbeit für den AK Wald.

Baumregister

Die fettgedruckten Ziffern verweisen auf die Stellen im Führer, an denen Ausführlicheres zur jeweiligen Baumart zu finden ist.

121

Die (Baum-)Plätze (alphabetisch):

Die in Klammern angegebenen Ziffern sind die Nummern der Stationen des Rundwegs.

Um Bäume
kümmern wir uns schon immer.

BÜNDNIS 90 / DIE GRÜNEN

Kreisverband Tübingen, Rümelinstr.8, 72070 Tübingen
Tel. 51496, Fax 21026, Email: gruenetue@aol.com